MORTE, ESTADO INTERMEDIÁRIO e RENASCIMENTO no Budismo Tibetano

Lati Rinpoche e Jeffrey Hopkins

MORTE, ESTADO INTERMEDIÁRIO e RENASCIMENTO no Budismo Tibetano

Apresentação de
SUA SANTIDADE O DALAI LAMA

Tradução
MARCELLO BORGES

São Paulo
2006

Editora
Gaia

© 1979 Lati Rinpoche and Jeffrey Hopkins

Diretor Editorial
JEFFERSON L. ALVES

Diretor de Marketing
RICHARD A. ALVES

Gerente de Produção
FLÁVIO SAMUEL

Assistente Editorial
ANA CRISTINA TEIXEIRA

Tradução
MARCELLO BORGES

Revisão
ANTONIO ORZARI
SAULO KRIEGER

Foto de Capa
FRIDMAR DAMM/ZEFA/CORBIS

Capa e Projeto Gráfico
REVERSON R. DINIZ

Dados Internacionais de Catalogação na Publicação (CIP)
(Câmara Brasileira do Livro, SP, Brasil)

Rinpoche, Lati.
  Morte, estado intermediário e renascimento no Budismo Tibetano / Lati Rinpoche e Jeffrey Hopkins; apresentação de Sua Santidade o Dalai Lama; tradução Marcello Borges. – São Paulo : Gaia, 2006.

  Título original: Death, intermediate state and rebirth in Tibetan Buddhism.
  Bibliografia
  ISBN 85-7555-106-X

  1. Budismo – Doutrinas   2. Budismo – Tibete
  I. Hopkins, Jeffrey. II. Dalai Lama

06-4761   CDD-294.3923

Índices para catálogo sistemático:

1. Morte, estado intermediário e renascimento : Budismo Tibetano
                                                        294.3923

Direitos Reservados
EDITORA GAIA LTDA.
(pertence ao grupo Global Editora e Distribuidora Ltda.)

Rua Pirapitingüi, 111-A – Liberdade
CEP 01508-020 – São Paulo – SP
Tel.: (11) 3277-7999 – Fax: (11) 3277-8141
e-mail: gaia@editoragaia.com.br
www.globaleditora.com.br

Colabore com a produção científica e cultural.
Proibida a reprodução total ou parcial desta obra
sem a autorização do editor.

Nº DE CATÁLOGO: **2748**

MORTE, ESTADO INTERMEDIÁRIO
e RENASCIMENTO no Budismo Tibetano

Sumário

Apresentação de *Sua Santidade, o Décimo Quarto Dalai Lama* .. 9
Prefácio 15
Morte, estado intermediário e renascimento, de
    Yang-jen-ga-we-lo-drö

Introdução 31
Os estágios da morte 35
Os estágios para alcançar o estado intermediário 57
Renascendo 67
Interrompendo a morte 79

Bibliografia 83
Notas 87
Índice 93

Apresentação de Sua Santidade, o Décimo Quarto Dalai Lama

(extraído de palestras feitas em 1979 acerca do *Middling Exposition of the Stages of the Path* [Exposição Moderada dos Estágios do Caminho], de Tsong-ka-pa)[1]

Por meio das aflições trazidas pelo desejo, pelo ódio e pela ignorância, o *karma* contaminado (as ações) se cumpre, e isso estabelece potencialidades na mente sob a forma de predisposições. Quando sua existência termina, a pessoa com tais predisposições nasce novamente na existência cíclica com uma mente e um corpo apropriados adquiridos por meio dessas causas contaminadas.

Algumas pessoas morrem após o esgotamento pleno do ímpeto daquela ação que, em outra vida, assentou as bases para a vida presente. Outras morrem sem utilizar o tempo que fora reservado, quer pela não-completação das causas que sustentam a vida, quer pela falta de necessidades. A isso se dá o nome de morte fora de hora, ou morte pela consumação do mérito; pois embora permaneça o ímpeto da ação que estabeleceu a vida presente, as circunstâncias concordantes externas, adquiridas graças a outras ações, não estão presentes.

A pessoa morre com uma mente virtuosa, não-virtuosa ou neutra. No primeiro caso, a pessoa que morre pode ter em mente um objeto virtuoso – como as Três Jóias (Buddha, sua Doutrina e a Comunidade Espiritual), ou seu próprio lama – e gera com isso uma mente imbuída de fé. Ou pode cultivar uma equanimidade imensurável, libertando-se do desejo e do ódio por qualquer ser senciente, meditar sobre o vazio ou cultivar a compaixão. A própria pessoa pode se lembrar de fazê-lo, ou ser compelida por terceiros. Se tais atitudes forem cultivadas até o momento da morte, a pessoa morrerá com a mente virtuosa, e com isso seu renascimento terá melhores condições. É bom morrer dessa maneira.

Às vezes, no entanto, outras pessoas podem incomodar o moribundo com seu nervosismo – embora não tenham o propósito de despertar sua raiva –, e ele pode ficar furioso. Outras vezes, parentes e amigos se reúnem em volta do leito, lamentando-se de tal modo que acabam provocando o desejo. Seja desejo, seja raiva, é perigoso a pessoa morrer com uma postura pecaminosa, com a qual está bem acostumada.

Algumas pessoas morrem com uma atitude neutra: não levam à mente um objeto virtuoso e não geram desejo ou raiva.

Essas três atitudes – virtuosa, não-virtuosa e neutra – ocorrem até o ponto da mente sutil da morte. Segundo o sistema sutra, essa mente sutil do final é necessariamente neutra, pois, diferentemente do Tantra Ioga Mais Elevado, o sutra não descreve técnicas para transformar mentes sutis em estados virtuosos, só para tratar mentes rudimentares. Um *mantrika* qualificado [praticante do tantra], porém, pode converter as mentes sutis próximas da morte em virtuosos caminhos da consciência. Nesse ponto, a prática da pessoa se aprofunda bastante.

Apresentação

De qualquer modo, a atitude imediatamente anterior à morte é muito importante, pois se mesmo um praticante moderadamente desenvolvido for perturbado nesse momento, terá gerado desejo ou raiva. É que todos nós temos predisposições estabelecidas por ações não-virtuosas anteriores, que estão prontas para ser ativadas ao deparar com circunstâncias desvantajosas. São essas predisposições que fornecem o ímpeto para existências como animais ou semelhantes. Do mesmo modo, temos predisposições estabelecidas por antigas ações virtuosas, que, diante de circunstâncias vantajosas, proporcionarão o ímpeto para existências felizes como humanos, e assim por diante.

As capacidades que já estão em nosso *continuum* mental são alimentadas pelo apego e pela agitação, levando a um renascimento bom ou ruim. Logo, se a predisposição deixada por um *karma* negativo for ativada, o resultado será uma vida como animal, fantasma faminto ou ser dos infernos.

De forma análoga, se uma pessoa que normalmente se comporta pecaminosamente morre com uma atitude virtuosa, provavelmente irá renascer em boa situação. Portanto, é muito importante, tanto para o moribundo quanto para quem o rodeia, evitar criar situações de desejo ou raiva, fomentando, em seu lugar, estados mentais virtuosos. É preciso saber disso.

Quem morre com uma atitude virtuosa tem a sensação de estar passando da escuridão para a luz, livra-se da ansiedade e vislumbra coisas agradáveis. São muitos os casos de pessoas bastante doentes que, perto da hora da morte, dizem que se sentem muito confortáveis, apesar de sua enfermidade. Outras, pouco doentes, assustam-se muito e sua respiração fica ofegante. São as pessoas mergulhadas em pensamentos não-virtuosos, que terão a sensação de passar da luz para a escuridão e verão formas desagradáveis.

Aquelas cujo calor corporal diminuiu por causa de sua enfermidade desejam calor, fortalecendo assim a predisposição para renascer como seres em infernos quentes, vindo portanto ao mundo em lugares de calor intenso. Outras se apegam à sensação de frescor; desejando um copo de água fria, por exemplo, fortalecem a predisposição para renascer como seres em infernos gelados, formando com isso a conexão com tal renascimento. Logo, é muito importante evitar pensamentos de desejo no momento da morte, direcionando a mente para objetos salutares.

Na vida cotidiana, atitudes como desejo, raiva, ciúme e outras, com as quais estamos acostumados, manifestam-se à mais leve provocação; mas atitudes com as quais não estamos familiarizados requerem muita provocação, como o recurso à argumentação, para se manifestarem. De forma similar, no momento da morte, atitudes há muito familiares costumam ter precedência, direcionando o renascimento. Pelo mesmo motivo, gera-se grande apego pelo *eu*, pois a pessoa teme que seu *eu* deixe de existir. Esse apego serve de vínculo com o estado intermediário entre vidas; o apreço pelo corpo, por sua vez, serve de causa para estabelecer o corpo do ser intermediário.

Em pessoas muito envolvidas em ações não-virtuosas, o calor físico se esvai primeiro da parte superior e depois de outras partes do corpo; em pessoas muito envolvidas em ações virtuosas, por sua vez, o calor se esvai primeiro dos pés. Nos dois casos, no final, o calor se concentra no coração, do qual a consciência parte. Essas partículas de matéria, de sêmen e sangue combinados, nas quais a consciência entrou inicialmente no útero materno quando a vida principiou, tornam-se o centro do coração; e é desse mesmo ponto que, na morte, a consciência sai.

Imediatamente depois, tem início o estado intermediário – exceto para aqueles que renascem em reinos informes do espaço infinito, de consciência infinita, do "nada", ou pico da existência cíclica, para quem a nova vida tem lugar logo após a morte. Aqueles que nascem nos reinos do desejo e da forma devem passar por um

Apresentação

estado intermediário, durante o qual o ser assume a forma com a qual deverá renascer. O ser intermediário é dotado dos cinco sentidos e também da clarividência, da faculdade de transpor obstáculos e da capacidade de chegar imediatamente onde quiser. Ele vê outros seres intermediários de seu próprio tipo – ser dos infernos, fantasma faminto, animal, humano, semideus ou deus – e pode ser visto por clarividentes.

Se não for encontrado um local de nascimento apropriado para suas predisposições, ocorre uma pequena morte após sete dias, e a pessoa renasce em outro estado intermediário. Isso pode acontecer até seis vezes, no máximo, e com isso o período mais longo que se pode passar no estado intermediário é de quarenta e nove dias. Isso significa que os seres que ainda dizem que não encontraram um lugar para nascer, mesmo um ano após a morte, não estão no estado intermediário, mas nasceram como espírito.

Quando a pessoa renasce como ser humano, vê seus futuros progenitores como se estivessem deitados juntos. Se a pessoa vai renascer como homem, essa visão produz desejo pela mãe e ódio pelo pai – e vice-versa, caso vá renascer como mulher. Sentindo desejo, a pessoa se dirige rapidamente para lá, a fim de copular; lá chegando, porém, vê apenas o órgão sexual do parceiro desejado. Isso provoca raiva, o que causa a cessação do estado intermediário e a conexão com a nova vida. A pessoa adentrou o útero materno e iniciou uma vida humana. Quando o sêmen do pai e o sangue da mãe se juntam a essa vida ou consciência, desenvolvem gradual e lentamente os elementos de um ser humano.

A pessoa sente desejo e atração por seu futuro local de nascimento, mesmo que este seja um inferno. Um açougueiro, por exemplo, pode ver cordeiros a distância, como se estivesse sonhando; quando corre até lá para matá-los, a aparição se esvai, e isso provoca sua raiva, com o que cessa o estado intermediário e tem início uma nova vida em um dos infernos. Além disso, como foi dito antes, as pessoas que vão renascer em infernos quentes são atraídas pelo calor; se em infernos gelados, pelo frio. O estado intermediário daqueles que terão uma encarnação ruim é bastante assustador; no final, a pessoa se dirige rapidamente até o local de renascimento, e, se o seu desejo não for satisfeito, ela fica com raiva, com o que cessa o estado intermediário e tem início uma nova vida.

A conexão com a existência, portanto, é feita sob a influência do desejo, da raiva e da ignorância. Até superarmos aflições, sentimo-nos atados como que por correntes, sem liberdade. De fato, há nascimentos bons e nascimentos ruins; mas enquanto a pessoa ainda está apegada, deve suportar o fardo de discriminativos mentais e físicos que se acham sob a influência de ações e aflições contaminadas. Isso não ocorre apenas uma vez, mas repetidas vezes, sem interrupção.

Para superar o sofrimento causado pelo nascimento, pelo envelhecimento, pela doença e pela morte, devemos superar o desejo, a raiva e a confusão. Estes, por sua vez, têm raiz na ignorância – a concepção de uma existência pessoal inerente e outros fenômenos. Remédios externos aliviam o sofrimento superficial, mas não podem curar o problema central. Práticas internas – como o recurso a antídotos específicos contra o desejo e o ódio – são mais úteis, mas seus efeitos são temporários. No entanto, se a pessoa conseguir destruir a ignorância – a raiz de todos eles –, eles cessarão por si sós.

Se a ignorância for eliminada, então cessam as ações contaminadas que dependem dela. Ademais, sem a ignorância, o apego e a ansiedade que fortalecem tais predisposições, estabelecidas por ações prévias, deixam de atuar, pondo assim termo ao ciclo de renascimentos descontrolados.

Prefácio

O tantra budista se divide em quatro tipos, correspondentes aos quatro níveis de habilidade iogue – Ação, Execução, Ioga e Ioga Mais Elevado[2]. A forma suprema, o Tantra Ioga Mais Elevado, visa a cessação da morte e do renascimento, bem como do estado intermediário entre ambos, transformando-os no Budato. Isso se faz por meio de uma série de iogas baseados nos processos da morte, do estado intermediário e do renascimento[3], até o iogue conseguir tal controle sobre eles que não se submete mais à morte.

Como esses iogas se baseiam na simulação da morte, é importante que o iogue saiba como morrem os seres humanos – os estágios da morte e as razões filosóficas que os provocam. A descrição tântrica desses temas se baseia em uma complexa teoria de *ventos* ou correntes de energia que servem de base para os diferentes níveis da consciência. Com o colapso em série da capacidade desses ventos, de servir de base para a consciência, desenrolam-se os eventos – internos e externos – da morte. Logo, para o praticante do Tantra

Ioga Mais Elevado, o estudo da morte é o estudo desses "ventos" e das consciências que dependem deles.

A expressão "vento" é encontrada na teoria médica budista dos três humores básicos – vento, bile e fleugma[4]. Quando em equilíbrio, esses três realizam as funções de um corpo saudável; quando em desequilíbrio, criam doenças e então são chamados de três imperfeições (*dosha*). O vento é o mais importante dos três, uma vez que direciona os outros dois. É definido como "leve (em peso) e móvel[5], e realiza as funções de inchar, falar, urinar, defecar, estender e contrair os membros, e assim por diante. Logo, a faixa dos significados de "vento" vai desde o ar inalado a ares mais sutis ou correntes de energia, que realizam funções corporais e servem de sustentáculo ou base para a consciência.

Na teoria médica tântrica, são cinco os tipos de ventos[6]:

1. *Vento de sustentação da vida*. Sua sede fica no coração, e, em sua forma rudimentar, causa a inspiração, a expiração, arrotos, o ato de cuspir e outros.

2. *Vento ascendente*. Sua sede fica no centro do peito, operando por meio da garganta e da boca; causa principalmente a fala e a deglutição dos alimentos e a saliva, mas também atua sobre as juntas.

3. *Vento pervasivo*. Sua sede fica no alto da cabeça, causando movimentos de flexão, estiramento e contração dos membros, e a abertura e fechamento da boca e das pálpebras.

4. *Vento que habita o fogo*. Sua sede fica no terceiro estágio do estômago, e ele se move pelos órgãos internos – pulmões, coração, fígado, vesícula biliar e assim por diante –, bem como por canais nos membros. Causa a digestão de nutrientes, separando partes refinadas e não-refinadas etc.

5. *Vento descendente*. Sua sede fica no abdômen inferior, e ele se move pelo útero ou pela vesícula seminal, pela bexiga, pelas coxas e

assim por diante. Ele faz começar e cessar os atos de urinar, defecar e menstruar.

Com a prática do Tantra Ioga Mais Elevado, o iogue procura fazer com que esses ventos, em suas formas rudimentar e sutil, dissolvam-se no sutilíssimo vento de sustentação da vida, no coração. Esse ioga reflete um processo semelhante ao que ocorre por ocasião da morte, e que envolve a concentração nos canais e centros de canalização no interior do corpo.

Existem 72 mil desses canais, e os três mais importantes passam da testa para o alto da cabeça e descem pela coluna vertebral até o órgão sexual. Os centros de canalização ao longo desses três canais principais são "rodas" (com um número variável de raios ou pétalas), localizadas na testa, no alto da cabeça, na garganta, no coração, no plexo solar, na base da espinha e no órgão sexual. Nessas rodas, os canais direito e esquerdo envolvem o central, apertando-o e reduzindo ou impedindo a passagem do vento.

Na morte, os ventos que servem de base para a consciência se dissolvem nos ventos dos canais direito e esquerdo. Estes, por sua vez, dissolvem-se no vento do canal central, com o que as restrições se afrouxam, pois os canais mais externos murcham, afrouxando o canal central e permitindo que o vento se mova dentro dele. Isso induz a manifestação de mentes sutis, temida pelos seres comuns, pois sentem que estão sendo aniquilados. Iogues do Tantra Ioga Mais Elevado, porém, utilizam esses mesmos estados no caminho espiritual.

Nos centros de canalização há gotas brancas e vermelhas, onde têm sua base a saúde física e a mental – brancas predominando no alto da cabeça e vermelhas no plexo solar. Essas gotas têm origem em uma gota branca e vermelha no "coração", do tamanho de uma semente grande de mostarda ou de uma ervilha pequena, com a parte inferior vermelha e a parte superior branca. É chamada gota indestrutível, pois dura até a morte. O próprio vento sutil que sustenta a vida habita essa gota, e, com a morte, todos os ventos se dissolvem nela, com o que surge a clara luz da morte.

A fisiologia da morte gira em torno das mudanças nos ventos, canais e gotas. Psicologicamente, em virtude do fato de consciências de variada rudez e sutileza dependerem dos ventos como o cavaleiro de sua montaria, a dissolução ou perda da capacidade de servirem de base para a consciência induz mudanças radicais na experiência da consciência.

A morte começa com a dissolução seqüencial dos ventos associados aos quatro elementos – terra, água, fogo e ar. "Terra" refere-se aos elementos duros do corpo, como os ossos, e a dissolução do vento a eles associados significa que o vento não é mais capaz de servir de suporte ou base para a consciência. Em virtude de sua dissolução, a capacidade de o vento associado à "água" – os elementos fluidos do corpo – agir como suporte ou base para a consciência torna-se mais evidente. A cessação dessa capacidade em um elemento e sua manifestação maior em outro é chamada "dissolução"; não é, portanto, como se a terra grosseira se dissolvesse na água (*ver p. 38*).

Juntamente com a dissolução do elemento terra, outros quatro fatores se dissolvem (*ver Quadro 1*), acompanhados por sinais externos (geralmente visíveis por outros) e um sinal interno (a experiência interna da pessoa à morte). O mesmo se repete em ordem seqüencial com os outros três elementos (*ver Quadros 2-4*), com os correspondentes sinais externos e internos.

Prefácio

QUADRO 1   Primeiro ciclo de dissolução simultânea

Fator em dissolução	Sinal externo	Sinal interno
elemento terra	O corpo emagrece, os membros ficam frouxos; sensação de que o corpo está afundando na terra	surgimento de miragens
agregado da forma	membros atrofiam, corpo fica fraco e impotente	
sabedoria tipo espelho (a consciência comum que percebe claramente muitos objetos ao mesmo tempo)	a visão fica turva e sombria	
sentido da visão	a pessoa não consegue abrir ou fechar os olhos	
cores e formas	diminui o brilho do corpo; a força física se consome	

QUADRO 2 Segundo ciclo de dissolução simultânea

Fator em dissolução	Sinal externo	Sinal interno
elemento água	saliva, suor, urina, sangue e fluido regenerador secam bastante	surgimento de fumaça
discriminativo das sensações (prazer, dor e neutralidade)	a consciência corporal não consegue mais experimentar os três tipos de sensação que acompanham as consciências sensoriais	
sabedoria da equanimidade (a consciência comum que percebe prazer, dor e sensações neutras como sensações)	a pessoa não se dá mais conta das sensações que acompanham a consciência mental	
sentido da audição	a pessoa não ouve mais sons internos ou externos	
sons	não aparece mais o som *ur* nos ouvidos	

Prefácio

QUADRO 3   Terceiro ciclo de dissolução simultânea

Fator em dissolução	Sinal externo	Sinal interno
elemento fogo	a pessoa não consegue digerir alimentos ou líquidos	
agregado discriminativo	a pessoa não se dá mais conta da atividade das pessoas próximas	
sabedoria discriminativa (a consciência comum que percebe nomes, propósitos etc. de pessoas próximas)		surgimento de vaga-lumes ou de faíscas na fumaça
sentido do olfato	inspiração fraca, expiração forte e longa	
odores	a pessoa não sente mais cheiros	

QUADRO 1 Quarto ciclo de dissolução simultânea

Fator em dissolução	Sinal externo	Sinal interno
elemento ar	o décimo vento se move para o coração; cessam inspiração e expiração	
discriminativo dos fatores composicionais	a pessoa não consegue realizar ações físicas	
sabedoria que tudo realiza (a consciência normal das atividades externas, propósitos etc.)	a pessoa não tem mais consciência das atividades mundanas externas, propósitos e assim por diante	surgimento de uma lamparina a manteiga trêmula, prestes a se apagar
sentido do paladar	a língua fica espessa e curta; a raiz da língua fica azulada	
sabores	a pessoa não consegue mais sentir sabores	
percepção do corpo e de objetos tangíveis	a pessoa não consegue sentir se uma superfície é áspera ou lisa	

Prefácio

QUADRO 5   Quinto a oitavo ciclos de dissolução

Fator em dissolução	Causa da aparição	Sinal interno
QUINTO CICLO *Oitenta concepções*	ventos nos canais direito e esquerdo acima do coração entram no canal central no alto da cabeça	primeiramente, uma ardente lamparina a manteiga; depois, vacuidade clara, repleta de luz branca
SEXTO CICLO *Mente de aparição branca*	ventos nos canais direito e esquerdo sob o coração entram no canal central na base da espinha	vacuidade muito clara, repleta de luz vermelha
SÉTIMO CICLO *mente de aumento vermelho*	ventos superior e inferior se reúnem no coração; depois, os ventos entram na gota do coração	primeiramente, vacuidade repleta de escuridão pesada; depois, como se estivesse se esvaindo inconscientemente
OITAVO CICLO *mente de quase-realização negra*	todos os ventos se dissolvem no vento de sustentação da vida, muito sutil, na gota indestrutível do coração	vacuidade muito clara, livre das aparições branca, vermelha e negra – a mente da clara luz da morte

Com o início do quinto ciclo, a mente começa a se dissolver, no sentido de que cessam tipos mais rudes e se manifestam outros, mais sutis. Primeiro, cessa a conceitualidade – dissolvendo-se, por assim dizer, em uma mente de aparição branca (*ver Quadro 5*). Essa mente muito sutil, para a qual aparece apenas uma vacuidade repleta de luz branca, está livre da conceitualidade grosseira, mas ainda é levemente dualista. Ela, por sua vez, se dissolve em uma mente elevada de aparição vermelha, que então se dissolve em uma mente de aparição negra. Nesse ponto, tudo que aparece é uma vacuidade repleta de escuridão, na qual a pessoa acaba ficando inconsciente; nesse momento, tudo se limpa, deixando uma vacuidade totalmente não-dualista – a mente de clara luz – livre das aparições branca, vermelha e negra. Isso é a morte.

Como a respiração externa (sentida por seu movimento pelo nariz) cessou bem antes, no quarto ciclo, do ponto de vista tântrico o verdadeiro momento da morte não está vinculado à inspiração e expiração, mas ao surgimento da mente de clara luz. Geralmente, a pessoa fica num estado de vacuidade lúcida por três dias, após os quais (se o corpo não foi afetado por enfermidade grave) ocorrem sinais exteriores de pus ou de sangue emergindo pelo nariz e pelo órgão sexual, indicando a partida da consciência. Só então será seguro remover o corpo para dispor dele; antes disso, a consciência ainda está no corpo, e qualquer manuseio violento só perturba os processos finais da morte, o que pode resultar em um renascimento inferior.

Quando cessa a clara luz, a consciência passa novamente pelos outros oito estágios de dissolução, em ordem inversa:

1. Clara luz.
2. Céu negro radiante.
3. Céu vermelho radiante.
4. Céu branco radiante.
5. Chama de uma lamparina a manteiga.

6. Vaga-lumes.
7. Fumaça.
8. Miragem.

Assim que começa o processo inverso, a pessoa renasce em um estado intermediário (*bar-do*) entre vidas, com um corpo sutil que pode ir aonde bem entender, atravessar montanhas e coisas assim, à procura de um lugar para renascer.

A existência no estado intermediário pode durar desde um momento até sete dias, dependendo de se encontrar um local de nascimento adequado ou não. Se este não for encontrado, a pessoa sofrerá uma "pequena morte", experimentando os oito sinais da morte delineados antes, mas muito rapidamente. Ela então vivencia novamente os oito sinais do processo inverso e renasce em um segundo estado intermediário. Esses renascimentos no estado intermediário podem acontecer sete vezes, no total, completando quarenta e nove dias, durante os quais será necessariamente encontrado um local de renascimento.

A "pequena morte" que ocorre entre estados intermediários ou pouco antes do renascimento pode ser comparada à experiência dos oito sinais – que vão do surgimento de miragens à clara luz – quando vamos dormir. Também de modo análogo, no sono, os oito sinais do processo inverso são vivenciados antes dos sonhos, que terminam com outra experiência dos oito sinais da "morte", seguidos dos oito do processo inverso. Estes acontecem quando se está passando para outro sonho ou quando se desperta do sono.

Esses estados de crescente sutileza durante a morte e de crescente rudez durante o renascimento são vivenciados em desmaios e orgasmos, bem como antes e depois do sono e de sonhos, embora não de maneira completa[7]. Logo, indicam não apenas níveis de sutileza sobre os quais se constroem todos os momentos conscientes, como também descrevem estados pelos quais as pessoas costumam passar sem perceber. Essa doutrina sugere que a vida consciente do cotidiano só trata daquilo que é grosseiro ou superficial sem o suporte de estados mais sutis, que formam tanto a base da consciência como da aparência. É o caso de não se conhecer nem a origem da consciência, nem a base sobre a qual ela retorna. Seres comuns se identificam tanto com estados superficiais, que a transição para estados mais profundos envolve até o medo da aniquilação.

Nos estágios de geração e completude do Tantra Ioga Mais Elevado, o processo descontrolado da morte, do estado intermediário e do renascimento são finalmente purificados. O estado mais sutil – o da clara luz – acaba sendo usado como base para a aparição compassiva, sem regenerar as mentes mais grosseiras. A realização prática dessas atividades se situa além do alcance daqueles que não cultivaram a compaixão, não compreenderam o vazio e não aprenderam as técnicas do ioga da divindade (a aparição meditativa – de uma mente compassiva realizando o vazio – como uma divindade)[8]. Entretanto, a acomodação da perspectiva que a pessoa tem da vida para a compreensão desses estados está no alcance daqueles que a desejam. É com esse uso em mente que esta tradução é oferecida.

Sobre o texto

A tradução a seguir é do *Lâmpada que ilumina totalmente a apresentação dos Três Corpos Básicos – Morte, estado intermediário e renascimento* (*gZhi'i sku gsum gyi rnam gzhag rab gsal sgron me*)[9], de Yang-jen-ga-we-lo-drö (*db Yangs-can-dga'-ba'i-blo-gros*), estudioso que viveu no século 18 e iogue da ordem Gue-luk-pa (*dGe-lugs-pa*) do budismo tibetano. Este é basicamente um tratado do Tantra Ioga Mais Elevado (*Anuttarayoga-tantra*) do ciclo Guyasamadja, explicando a interpretação de Nagarjuna feita por Tsong-ka-pa em seu

Prefácio

Lâmpada que ilumina totalmente os Cinco Estágios [de Nagarjuna]: Instruções quintessenciais do Rei dos Tantras, o Glorioso Guyasamadja (rGyud kyi rgyal po dpal gsang ba' dus pa'i man ngag rim pa lnga rab tu gsal ba'i sgron me). As seções sobre o estado intermediário e o renascimento também dependem da apresentação feita por Tsong-ka-pa do *Tesouro do conhecimento (Abhidharmakosha)* em seu *Grande exposição dos estágios do caminho* (Lam rim chen mo), bem como em seu comentário ao *Estágios ordenados dos meios para se atingir Guyasamadja* (Samajasadhanavyavasthali). Como diz o autor, ele suprimiu boa parte das citações em nome da concisão; algumas delas são apresentadas nas notas.

Com notável clareza, o texto expõe a base psicológica da prática budista, revelando a meta última da grande série de caminhos graduados que Buddha estabeleceu – a transformação da morte em um estado imortal de benefício para os demais.

JEFFREY HOPKINS

Lâmpada que ilumina totalmente a apresentação dos três corpos básicos: morte, estado intermediário e renascimento

de *Yang-jen-ga-we-lo-drö*

Os comentários acrescentados pelos tradutores para facilitar a compreensão foram colocados entre colchetes e intercalados no texto.

Introdução

Namo Guru Manjugoshaya

Homenagem ao senhor da união,
Mestre que domina os elementos férreos do nascimento, da morte e do estado intermediário, as bases da purificação,
Em sua transformação em ouro pelos dois estágios do caminho profundo, os purificadores,
E dos preciosos Três Corpos da pureza, os frutos da purificação.

Homenageia-se Manjughosha, ou Manjushri, no início do texto, para que haja acúmulo de méritos, evitando assim obstáculos à conclusão da composição. Isso é feito em sânscrito para recordar a língua original dos ensinamentos e a sua tradução para o tibetano, e para estabelecer a predisposição para o aprendizado do sânscrito.

Manjughosha é a personificação da sabedoria de todos os Buddhas. *Manju* significa "suave", indicando que seu *continuum* foi suavizado ao se abandonar as obstruções aflitivas à libertação da existência cíclica e as obstruções não-aflitivas à onisciência. *Ghosha* significa "entonação", referindo-se ao fato de ele possuir os sessenta ramos da perfeita vocalização dos Buddhas. Quando a pessoa tem uma fé centrada em Manjughosha, sua sabedoria aumenta rapidamente[10].

Sendo este um tratado sobre a divisão tântrica da palavra de Buddha, presta-se a seguir homenagem a Vajradhara, que é o senhor da união, pelo fato de a união da clara luz e do corpo ilusório cair sob seu controle. A homenagem indica o conteúdo do livro com o exemplo da transformação alquímica do ferro em ouro. Os *elementos* férreos a se transformar são o nascimento, a morte e o estado entre vidas – bases sobre as quais atuam os agentes transformadores. Os *meios* alquímicos são os estágios de geração e completação do Mantra Ioga Mais Elevado – o mais elevado dos quatro conjuntos de tantras. Os *produtos* de ouro são os Três Corpos Búdicos – Verdade, Prazer Completo e Emanação[11].

Vajradhara exerce o domínio sobre esse processo de purificação. Louvando-o dessa maneira, as linhas de abertura indicam o conteúdo do resto do tratado – uma descrição do nascimento, da morte e do estado intermediário, bem como de sua transformação.

Para conhecer a forma de procedimento dos dois estágios do Mantra Ioga Mais Elevado, é muito importante compreender a apresentação das bases da purificação, os três corpos básicos – nascimento, morte e estado intermediário. Pois é por meio do profundo caminho curto do Mantra Ioga Mais Elevado que o corpo da união contendo as sete características do deus e da deusa que se defrontam pode ser realizado em uma breve existência nesta era degenerada.

Os estágios de geração e de completude purificam o nascimento, a morte e o estado intermediário, porque é por seu intermédio que estes três são detidos – o nascimento se transforma em um Corpo de Emanação, a morte em um Corpo da Verdade e o estado intermediário em um Corpo do Prazer Completo.

O fruto dessa transformação é o estado sem morte do Budato – conhecido no Mantra Ioga Mais Elevado como um corpo de união que apresenta as sete características do deus e da deusa que se defrontam. São elas:

1. Prazer completo: ter todos os sinais maiores e menores de um Buddha.
2. Deus e deusa que se defrontam: com o aspecto do pai e da mãe em união.
3. Grande êxtase: manifestando a sutil consciência do êxtase.
4. Existência não-inerente: consciência de êxtase em equilíbrio meditativo sobre o vazio da existência inerente, de forma não dualista, como a água posta na água.
5. Completo preenchimento pela compaixão: um *continuum* mental, sempre e completamente imbuído de compaixão pelos seres sencientes.
6. Continuidade ininterrupta: não presente nos extremos, quer da existência cíclica, quer da paz solitária.
7. Não-cessação: presente em benefício dos seres sencientes até o esvaziamento da existência cíclica.

Portanto, vou explicar o nascimento, a morte e o estado intermediário – as bases purificadas pelos dois estágios do caminho. A explicação tem três partes: (1) os estágios da morte; (2) os estágios de obtenção do estado intermediário; e (3) a maneira pela qual nasce um ser no estado intermediário.

1 • Os estágios da morte

O processo da morte é determinado pelo tipo de corpo da pessoa; logo, o texto começa com uma breve exposição sobre o modo pelo qual os seres humanos nascem de úteros e possuem um corpo grosseiro composto de carne, sangue e assim por diante.

Durante o primeiro éon [após a formação deste sistema cósmico], os seres humanos deste mundo tinham sete características – nascimento espontâneo, vida de duração imensurável, todas as faculdades dos sentidos, um corpo permeado por sua própria luz, adornado com marcas semelhantes aos sinais maiores e menores [de um Buddha], sustentado pelo alimento da alegria sem se nutrir de alimentos grosseiros, voando magicamente pelo céu. Contudo, devido à ativação de predisposições estabelecidas pelo apego ao alimento [em vidas anteriores], eles se nutriram de substâncias grosseiras.

Então, quando a parte não-refinada do alimento se transformou em fezes e urina, os órgãos masculino e feminino surgiram como aberturas para a excreção. Dois seres que possuíam a predisposição estabelecida pela cópula em [vidas] anteriores ficaram apegados um ao outro, e, por terem se deitado juntos, formou-se um ser senciente no útero. Com essas etapas, iniciou-se o nascimento a partir do útero.

Diz-se que os seres humanos nascidos de úteros têm os seis constituintes – terra, água, fogo, vento, canais e gotas.

O constituinte terra se refere aos elementos duros do corpo, tais como osso, pele, unhas e cabelos[12]. O constituinte água compreende os fluidos do corpo, como urina, bile e sangue. O constituinte fogo é o calor que mantém o corpo. O vento se refere às correntes de ar ou de energia que realizam funções físicas como a deglutição e servem de "estrutura" para as consciências. Os canais são as veias, artérias, dutos, ligações nervosas e assim por diante, pelos quais fluem o sangue, a linfa, a bile, o vento e outros. As gotas são fluidos essenciais que circulam pelos canais.

Ou [segundo outra interpretação] os seis constituintes são ossos, medula e fluido regenerador obtidos do pai, e pele, carne e sangue obtidos da mãe.

O fluido regenerador do pai é a *principal* causa dos três constituintes obtidos dele, e o da mãe a *principal* causa dos três obtidos dela. Tanto homem como mulher atuam como causas de todos os seis.

Quem quer que decida se iluminar em uma breve existência desta era degenerada, pela prática desde o início do caminho do Mantra Ioga Mais Elevado, é necessariamente um ser humano deste mundo, nascido do útero, dotado dos seis constituintes.

Uma característica especial do Mantra Ioga Mais Elevado, que o distingue dos três tantras inferiores – Ação, Realização e Ioga – e do Veículo Sutra, é que, com sua prática, pessoas altamente qualificadas podem atingir o Budato em uma única existência[13]. Isso significa que elas passam pelos cinco caminhos – acumulação, preparação, observação, meditação e desnecessidade de aprendizado – em uma vida apenas, sem ter de praticar durante incontáveis éons, tal como exigem outros sistemas.

Nos outros sistemas, passa-se muito tempo acumulando o poder meritório necessário para dar forças à sabedoria da consciência que percebe o vazio, a fim de superar as obstruções de acesso à onisciência[14]. Entretanto, no Mantra Ioga Mais Elevado, usam-se práticas especiais para reforçar a sabedoria da consciência, mentes sutis para perceber o vazio e depois se elevar em um corpo ilusório. Essas técnicas dependem dos canais, ventos e gotas contidos no corpo humano.

Os corpos dos seres humanos deste mundo têm setenta e dois mil canais, bem como os canais direito, esquerdo e central.

O corpo grosseiro é composto pelos elementos e desdobramentos dos elementos[15]. O corpo sutil é formado por canais, ventos e por gotas brancas e vermelhas. O corpo muito sutil é o vento que serve de suporte para a mente de clara luz, bem como o vento que habita a gota indestrutível do coração.

Com relação aos canais do corpo sutil, o canal central sobe do coração até o alto da cabeça e depois vai para o ponto entre as sobrancelhas[16]. Ele desce do coração até o meio da glande ou da vagina. À direita e à esquerda do canal central, há dois outros que o restringem, não só apertando-o entre eles, como envolvendo-o em cada centro de canalizações – três vezes no coração e menos nos outros centros. Devido a essa grande constrição, durante uma existência normal os ventos não se movem para cima ou para baixo no canal central, exceto na morte[17].

No momento da morte, todos os ventos nos setenta e dois mil canais se reúnem nos canais direito e esquerdo. Depois, os ventos presentes nesses canais se dissolvem no canal central. Finalmente, os ventos nas partes superior e inferior do canal central se dissolvem no indestrutível vento de sustentação da vida, presente no coração.

Há, no coração, uma roda-canal com oito pétalas ou raios[18]. É chamada de "roda dos fenômenos" porque a gota indestrutível, que é a base da mente e do vento muito sutis, raiz dos fenômenos, reside no coração. Na garganta situa-se a roda do prazer; esta tem dezesseis pétalas e é chamada assim porque a garganta é o lugar onde se apreciam os seis sabores – doce, azedo, amargo, adstringente, pungente e salgado. No alto da cabeça fica a roda do grande êxtase, que tem trinta e duas pétalas e recebe esse nome porque a "mente de iluminação" branca (fluido regenerativo), que é a base do êxtase, habita o alto da cabeça. No umbigo fica a roda da emanação, que tem sessenta e quatro pétalas e é chamada assim porque o "feroz" (*gtummo*), que emana grande êxtase, habita o umbigo. Na região secreta ou base da espinha fica a roda do êxtase sustentado, que tem trinta e duas pétalas e recebe esse nome porque o êxtase inato é sustentado principalmente pela região secreta.

Os constituintes branco e vermelho existem na forma de uma caixa fechada [redonda, com uma gota branca no alto e uma vermelha no fundo] dentro do canal central, na roda-canal do coração. No centro dessa caixa fechada fica a entidade do vento e da mente muito sutis.

Os cinco sentidos da consciência – visão, audição, olfato, paladar e tato – são mentes grosseiras[19]. A consciência mental conceitual é a mente sutil. A mente que habita a gota indestrutível é a mente muito sutil.

A mente muito sutil é o vento indestrutível que sustenta a vida, no qual se dá a dissolução final [no processo da morte]. [A morte acontece assim] porque, a não ser por esse vento muito sutil, se mesmo um levíssimo vento que atue como base da consciência estiver em alguma parte do corpo, a morte não será possível.

A maneira como o vento atua como base ou sustentáculo da consciência é exemplificada por um cavalo que serve de montaria para o cavaleiro.

Estágios de dissolução

Os seres humanos morrem necessariamente com a dissolução dos vinte e cinco objetos grosseiros – cinco discriminativos, quatro constituintes, seis fontes, cinco objetos e cinco sabedorias básicas.

O processo da morte ocorre em oito estágios que envolvem a dissolução de vinte e cinco fatores (*ver Quadros 6 e 7*)[20]. Vinte e dois se dissolvem durante os quatro estágios iniciais, e os restantes – o discriminativo da consciência, o sentido mental e a sabedoria básica que percebe a natureza dos fenômenos – se dissolvem durante os últimos quatro.

Primeira Dissolução

Inicialmente, dissolvem-se ao mesmo tempo os cinco fenômenos do nível do agregado da forma; são o agregado da forma, a sabedoria tipo espelho, o constituinte terra, o sentido da visão e as formas visíveis [cores e formas] incluídas no *continuum* da pessoa.

QUADRO 6   Vinte e cinco objetos grosseiros

Cinco discriminativos	Cinco sabedorias básicas	Quatro constituintes	Seis fontes	Cinco objetos
forma	sabedoria tipo espelho	terra	visão	cores e formas
sentimento	sabedoria da equanimidade	água	audição	sons
discriminativo	sabedoria discriminativa	fogo	olfato	odores
fatores composicionais	sabedoria que tudo realiza	vento	paladar tato	sabores toques
consciência	sabedoria básica da natureza dos fenômenos[21]		sentido da morte	

QUADRO 7   Oito dissoluções

	fator	1ª dissolução	1ª dissolução	1ª dissolução	1ª dissolução
agregado		forma	sentimento	discriminativo	fatores composicionais
constituinte	de	terra	água	fogo	vento
fonte		visão	audição	olfato	paladar e tato
objeto	dissolução	formas visíveis	sons	odores	sabores e toques
sabedoria básica		sabedoria tipo espelho	sabedoria da equanimidade	sabedoria discriminativa	sabedoria que tudo realiza

5ª dissolução	6ª dissolução	7ª dissolução	8ª dissolução
oitenta concepções indicativas e os ventos que lhes servem de suporte	surgimento da mente de radiância branca	aumenta a mente de radiância vermelha	mente de radiância negra de quase-realização

Como sinal externo da dissolução do discriminativo da forma, os membros da pessoa ficam menores do que antes, e seu corpo se torna fraco, impotente.

Essa redução de tamanho e de força é uma forma acentuada daquilo que se costuma associar à idade.

A sabedoria tipo espelho é explicada como uma consciência [comum] diante da qual muitos objetos aparecem clara e simultaneamente, como reflexos em um espelho. Como sinal externo de sua dissolução, a visão da pessoa fica turva e sombria. Como sinal externo da dissolução do constituinte terra, o corpo fica bem magro, os membros ficam frouxos, e a pessoa tem a sensação de que seu corpo está afundando sob a terra.

A sensação de afundamento é tal que a pessoa pede: "Puxem-me!"[22].

Como sinal externo da dissolução do sentido da visão, ela não consegue abrir ou fechar os olhos.

Como sinal externo da dissolução das formas visíveis incluídas no *continuum* da pessoa, o brilho do corpo diminui e suas forças se consomem.

O sinal interno da dissolução desses cinco fenômenos é o surgimento de uma aparição azulada, chamada "como uma miragem". É como a idéia de água que se tem quando a luz do sol incide sobre o deserto no verão.

Tal aparição também é comparada a uma fumaça[23], mas o mais normal é a comparação com a miragem.

Segunda Dissolução

Depois disso, dissolvem-se simultaneamente os cinco fenômenos no nível do discriminativo dos sentimentos. Quando o agregado de sentimentos se dissolve, o sinal externo é que a consciência do corpo não consegue mais experimentar as sensações de prazer, dor e neutralidade que acompanham a consciência dos sentidos.

A sabedoria básica da equanimidade é explicada como uma consciência [comum] que reconhece sensações de prazer, dor e neutralidade sendo de certo tipo, isto é, sentimentos.

Ela é descrita também como consciência que conhece muitos sinônimos com um mesmo significado[24].

Como sinal externo de sua dissolução, a pessoa não percebe mais as sensações de prazer, de dor e de neutralidade que acompanham a consciência mental.

Como sinal externo da dissolução do constituinte água, a saliva, o suor, a urina, o sangue e o fluido regenerador secam bastante.

A boca, o nariz, a língua e a garganta secam e forma-se espuma nos dentes[25].

Como sinal externo da dissolução do poder de audição, a pessoa não consegue mais ouvir sons externos ou internos.

Como sinal externo da dissolução dos sons incluídos no *continuum* da pessoa, não aparece mais o som *ur* no interior dos ouvidos.

O sinal interno da dissolução desses cinco fenômenos é o surgimento de uma visão chamada "tal como fumaça", que se assemelha a baforadas azuis de fumaça. Parece-se com a fumaça que sai de uma chaminé.

Terceira Dissolução

Depois disso, os cinco fenômenos no nível do discriminativo de discriminações se dissolvem simultaneamente. Como um sinal externo da dissolução do discriminativo de discriminações, a pessoa não se dá mais conta das atividades das pessoas próximas, como seus pais, por exemplo.

A sabedoria discriminativa é explicada como uma consciência [comum] que percebe os nomes [propósitos, e assim por diante][26] das pessoas mais próximas. Como sinal de sua dissolução, a pessoa não se lembra sequer dos nomes dos seus pais.

Como sinal externo da dissolução do constituinte fogo, a temperatura do corpo diminui, e com isso perde-se a capacidade de digerir alimentos e bebidas.

Como sinal externo da dissolução do sentido do olfato, a inalação de vento [ar] pelo nariz é fraca, enquanto a exalação é forte e prolongada, e a respiração fica como que encavalada.

Como sinal externo da dissolução dos odores incluídos no *continuum* pessoal, o indivíduo não sente mais nem odores fragrantes, nem desagradáveis.

O sinal interno da dissolução desses cinco fenômenos é o surgimento de uma imagem chamada "como vaga-lumes", semelhante às faíscas vermelhas vistas nas nuvens de fumaça que saem de uma chaminé, ou às faíscas vermelhas da fuligem no fundo de uma panela usada para torrar grãos.

QUARTA DISSOLUÇÃO

Depois disso, os cinco fenômenos no nível dos discriminativos de fatores composicionais se dissolvem ao mesmo tempo. O sinal externo da dissolução desse discriminativo é que a pessoa não consegue perceber ações físicas, como movimentos próximos.

A sabedoria que tudo realiza é explicada como uma consciência que percebe as atividades externas, os propósitos e assim por diante [desta vida e de futuras, bem como a forma de realizá-las][27]. Como sinal externo de sua dissolução, a pessoa não se dá mais conta delas.

Como sinal externo da dissolução do constituinte vento, os dez ventos – o vento [grosseiro] que leva a vida e outros[28] – se deslocam de suas moradas para o coração, e a respiração deixa de entrar e sair.

Como sinal externo da dissolução do sentido do paladar, a língua fica espessa e curta, e sua raiz fica azulada.

Como sinal externo da dissolução dos sabores incluídos no *continuum* individual, a pessoa não mais experimenta os seis sabores [doce, azedo, amargo, adstringente, pungente e salgado].

Nesse ponto, os sentidos físicos e o tato também se dissolvem, e temos como sinal externo de sua dissolução a impossibilidade de detectar se uma superfície é lisa ou rugosa.

O sinal interno da dissolução desses sete fenômenos é o surgimento de uma aparição chamada "como uma lamparina a manteiga". Ela se parece com a ponta bruxuleante da chama de uma lamparina alimentada a manteiga, prestes a se apagar.

O significado de "dissolução". Com relação ao modo como os elementos anteriores se dissolvem nos posteriores, perde-se a capacidade [do vento associado] que tem um elemento anterior [da lista de terra, água, fogo e ar] de atuar como base da consciência, e a capacidade do posterior, de fazê-lo, fica mais acentuada. A isso se dá o nome de dissolução de um elemento anterior em um posterior, mas não significa que um elemento assuma a natureza do outro.

Dizer que a terra se dissolve na água significa que a capacidade de o vento-terra servir de base para a consciência se degenera, enquanto a capacidade de o vento-água agir como base para a consciência fica mais aparente. Logo, como isso se assemelha à transferência da capacidade do anterior para o posterior, diz-se que a terra se dissolve na água, mas isso não significa que a terra comum se dissolve na água comum. Isso se aplica também às outras dissoluções.

Quinta Dissolução

Após a dissolução dos quatro elementos, o quinto fenômeno no nível do discriminativo da consciência deve surgir em estágios. Os cinco estágios são a mente das oitenta concepções indicativas, a mente da aparição branca radiante, a mente de aumento vermelho radiante, a mente da quase-realização negra radiante e a mente de clara luz da morte.

Os estágios da morte

As oitenta concepções se dividem em três grupos – trinta e três indicadores da mente de aparição branca, quarenta indicadores da mente de aumento vermelho e sete indicadores da mente de quase-realização negra[29]. O primeiro grupo de concepções envolve um movimento grosseiro dos ventos que servem de suporte para os objetos, e com isso servem para indicar ou ilustrar – para aqueles que não experimentaram manifestadamente a mente de aparição branca – que o vento que serve de suporte tem um movimento relativamente grosseiro em comparação com as mentes de aumento vermelho e de quase-realização negra. Essa inferência acerca da mente de aparição branca pode ser feita porque o primeiro grupo de concepções é um registro ou efeito da mente de aparição branca quando passa em ordem inversa, dos estados mais grosseiros para os mais sutis. As trinta e três concepções são:

1. *Grande falta de desejo*: a mente não deseja um objeto.
2. *Mediana falta de desejo.*
3. *Pequena falta de desejo.*
4. *Idas e vindas mentais*: a mente vai para objetos externos e vem para objetos internos.
5. *Grande tristeza*: as dores mentais após a separação de um objeto agradável.
6. *Dor mediana.*
7. *Pequena dor.*
8. *Paz*: a mente vive em paz.
9. *Conceitualidade*: a mente excitada diante do brilho do objeto.
10. *Grande medo*: medo gerado pelo encontro com um objeto desagradável.
11. *Medo mediano.*
12. *Pequeno medo.*
13. *Grande apego*: adesão a um objeto agradável.

14. *Apego mediano.*
15. *Pequeno apego.*
16. *Cupidez*: a mente se liga inteiramente a objetos do reino do desejo.
17. *Não-virtude ou não-conhecimento*: dúvidas com relação a atividades virtuosas.
18. *Fome*: desejo por alimentos.
19. *Sede*: desejo por bebidas.
20. *Grande sensação*: sensações de prazer, dor e neutralidade.
21. *Sensação mediana.*
22. *Pequena sensação.*
23. *Concepção de alguém que sabe.*
24. *Concepção de saber.*
25. *Concepção de um objeto conhecido.*
26. *Exame individual*: a mente analisa o que é adequado e o que não é.
27. *Vergonha*: evitar uma conduta imprópria por conta da autodesaprovação ou de proibição religiosa.
28. *Compaixão*: desejo de se separar do sofrimento.
29. *Mercê*: a mente que protege completamente um objeto de observação.
30. *Desejo de se encontrar com o que é belo.*
31. *Hesitação*: mente cativada, sem muitas certezas.
32. *Acumulação*: mente voltada para a obtenção de posses.
33. *Ciúmes*: mente perturbada pela prosperidade alheia.

As quarenta concepções do segundo grupo envolvem um movimento intermediário do vento, que serve de suporte para o objeto; por isso, servem para indicar ou ilustrar, para aqueles que não as experimentaram, que o vento que serve de suporte para o aumento vermelho ou laranja tem um movimento mediano em comparação com os ventos de aparição branca e negra. Em outras palavras, a mente vai se tornando menos dualista à medida que fica mais sutil. Podemos fazer essa inferência acerca da mente de aumento vermelho radiante, pois este grupo de concepções é um registro ou efeito da mente de aumento vermelho quando procede, em sentido inverso, para estados mais grosseiros. As quarenta concepções são:

1. *Desejo*: apego a um objeto ainda não obtido.
2. *Aderência*: apego a um objeto obtido.
3. *Grande alegria*: a mente se alegra ao ver algo agradável.
4. *Alegria mediana*.
5. *Pequena alegria*.
6. *Júbilo*: prazer devido a se ter obtido um objeto desejado.
7. *Enlevo*: mente que experimenta repetidas vezes um objeto desejado.
8. *Espanto*: contemplação de um objeto que não havia sido visto antes.
9. *Excitação*: mente distraída com a percepção de um objeto agradável.
10. *Contentamento*: prazer com um objeto agradável.
11. *Abraço*: desejo de abraçar.
12. *Beijo*: desejo de beijar.
13. *Sucção*: desejo de sugar.
14. *Estabilidade*: mente cujo *continuum* não muda.
15. *Esforço*: mente que tende à virtude.
16. *Orgulho*: mente que se considera elevada.
17. *Atividade*: mente voltada para a conclusão de ações.
18. *Roubo*: desejo de roubar riquezas.
19. *Força*: desejo de conquistar as tropas alheias.
20. *Entusiasmo*: mente familiarizada com o caminho da virtude.

21. *Grande envolvimento com privações*: dedicação à não-virtude em razão da arrogância.

22. *Envolvimento mediano com privações*.

23. *Pequeno envolvimento com privações*.

24. *Veemência*: desejo imotivado de debater com o excelente.

25. *Flerte*: desejo de brincar ao ver aquilo que é atraente.

26. *Disposição irada*: mente ressentida.

27. *Virtude*: desejo de se esforçar em ações virtuosas.

28. *Clareza na fala e verdade*: desejo de falar para que outros possam entender, sem mudar a forma como a pessoa discrimina o fato.

29. *Inverdade*: desejo de falar, mudando a forma como a pessoa discrimina o fato.

30. *Determinação*: intenção bastante firme.

31. *Não-aceitação*: mente que não deseja deter um objeto.

32. *Doação*: desejo de doar bens.

33. *Exortação*: desejo de exortar o indolente à prática religiosa.

34. *Heroísmo*: desejo de vencer inimigos, como as aflições.

35. *Falta de vergonha*: dedicar-se à não-virtude sem evitar condutas impróprias segundo a desaprovação pessoal ou proibições religiosas.

36. *Engano*: enganar os outros pela hipocrisia.

37. *Especificação*: consciência focalizada.

38. *Vício*: mente habituada a uma postura ruim.

39. *Não-gentileza*: desejo de ferir os outros.

40. *Falsidade*: desonestidade.

As sete concepções do terceiro grupo envolvem um movimento fraco do vento que serve de suporte para seu objeto; com isso, servem para indicar ou ilustrar o mesmo com relação à mente de quase-realização negra para aqueles que não a experimentaram. Isso se deve ao fato de esse grupo de concepções ser um registro ou efeito do estado mental de quase-realização negra que segue uma ordem inversa para estados mais grosseiros. São elas:

1. *Descuido*: atenção degenerada.
2. *Engano*: como ver água em uma miragem.
3. *Emudecer*: não desejar falar.
4. *Depressão*: mente incomodada.
5. *Preguiça*: falta de entusiasmo pela virtude.
6. *Dúvida*.
7. *Desejo mediano*: mente onde desejo e ódio têm a mesma força.

A mente das oitenta concepções indicativas e o vento que lhes serve de suporte se dissolvem antes da aparição branca radiante, porque são discordantes o seu modo de compreensão e o da mente de aparição. Além disso, como há uma grande diferença de sutileza e rudeza entre ambas, mentes grosseiras como as das oitenta concepções não podem existir no momento da aparição [branca].

Quando as oitenta concepções indicativas e o vento que lhes serve de suporte começam a se dissolver na aparição branca radiante, surge uma aparição como uma lamparina a manteiga. O indicador da mente de aparição em si – quando essas oitenta concepções indicativas se dissolveram nela – é o início da extrema claridade e vacuidade, bem como da luz com aspecto esbranquiçado, como o céu noturno permeado pelo luar do outono, quando o céu está livre de impurezas.

Com relação à causa de tal aparição, todos os ventos nos canais direito e esquerdo acima do coração entraram no canal central pela abertura superior [no alto da cabeça]. Com a força desses ventos, o nó dos canais no alto da cabeça se afrouxa, e, como a gota branca obtida do pai – que tem o aspecto da sílaba *ham* de cabeça para baixo – tem a natureza da água, ela fica virada para baixo. Quando chega no alto do nó de seis círculos dos canais direito e esquerdo no coração, surge a aparição branca radiante. Logo, não se trata do surgimento do luar (ou coisa parecida) brilhando do lado de fora.

É chamada "aparição" [porque surge uma aparição parecida com o luar][30] e o "vazio" [porque não tem as oitenta concepções ou o vento que lhes serve de suporte].

Sexta Dissolução

Depois disso, a mente de aparição, bem como o vento que lhe serve de suporte, dissolvem-se na mente de aumento. Quando surge a mente de aumento, uma aparição avermelhada ou alaranjada, vazia e vácua, mas bem mais clara do que antes, brilha como o céu do outono, livre de impurezas e permeado pela luz do sol.

Com relação à sua causa, todos os ventos nos canais direito e esquerdo abaixo do coração entraram no canal central por meio de sua abertura inferior [na base da espinha ou no órgão sexual]. Em virtude da força desse ato, o nó na roda-canal da jóia [órgão sexual] e o nó da roda-canal do umbigo se afrouxam gradualmente. Portanto, a gota vermelha que é obtida da mãe, que existe na forma da linha [vertical] do *a* breve [em sânscrito, quando acrescentada para formar o *a* longo] no meio da roda-canal do umbigo, sobe. Antes de sua chegada sob o nó de seis círculos dos canais esquerdo e direito no coração, surge uma aparição avermelhada ou alaranjada. Logo, não se trata da luz do sol ou coisa parecida que brilha do lado de fora.

É chamada de "aparição de aumento" [por ser muito vívida, como a luz do sol][31] e de "a muito vazia" [porque destituída da mente de aparição e do vento que lhe serve de suporte].

Sétima Dissolução

Depois disso, a mente de aumento, juntamente com o vento que lhe serve de suporte, dissolve-se na mente de quase-realização. Durante a primeira parte, surge uma vácua aparição negra, como o céu de outono livre de impurezas e permeado pela densa escuridão do início da noite.

Os ventos superiores e inferiores dentro do canal central se reuniram nesse canal do coração, e por isso se afrouxa o nó de seis círculos dos canais direito e esquerdo do coração. Assim, a gota branca que está em cima [com o aspecto da sílaba *ham* de cabeça para baixo] desce, e a gota vermelha que está embaixo [com o aspecto de uma linha vertical] sobe. Elas entram no meio das indestrutíveis gotas branca e vermelha que existem como que em uma caixa fechada no centro do canal central do coração. Em conseqüência de seu encontro, surge a aparição de quase-realização radiante; logo, não se trata da aparição da escuridão ou coisa parecida vinda de fora.

É chamada de "quase-realização" [porque está próxima da clara luz][32] e de "grande vazio" [porque está desprovida da mente de aumento, bem como do vento que lhe serve de suporte].

A primeira parte da mente de quase-realização é acompanhada pela sensação de um objeto; mas na parte seguinte, a pessoa não tem mais noção de qualquer objeto, como se estivesse vagando inconscientemente, confusa na escuridão. Então, cessam todos os ventos e mentes que surgem da mente e do vento muito sutis.

A parte seguinte da mente de quase-realização sem percepção prossegue até que se ative a percepção da mente e do vento muito sutis, que existiram [sem se manifestar] desde o início em estado comum. Quando isso ocorre, surge a mente de clara luz da morte.

A definição da mente de radiante aparição branca é:[33] uma consciência mental (1) que ocorre com a dissolução das concepções e até seu movimento [ou seja, nova manifestação]; (2) com o que surge uma aparição de radiante vacuidade branca, que é como o céu de outono, livre de impurezas e permeado pelo luar; e (3) diante do qual não surge mais nenhuma aparição dualista grosseira.

Embora as oitenta concepções tenham se dissolvido, a mente de aparição é conceitual, mesmo que de uma variedade mais sutil, e dualista. Não é discursiva, mas envolve um elemento de imagens, e por isso é "conceitual". A mente de clara luz, por outro lado, é totalmente não-conceitual e não-dualista.

A definição da mente de aumento de aparição é: uma consciência mental (1) que ocorre com a dissolução das concepções e até seu movimento [nova manifestação]; (2) na qual surge uma aparição de radiante vacuidade vermelha, que é como um céu de outono, livre de impurezas e permeada pela luz do sol; e (3) na qual não surge qualquer aparição grosseira e dualista.

A definição da mente de quase-realização é: uma consciência mental (1) que ocorre com a dissolução das concepções e até seu movimento [nova manifestação]; (2) na qual surge uma aparição de radiante vacuidade negra, livre de impurezas e permeada pela densa escuridão do início da noite; e (3) na qual não surge qualquer outra aparição grosseira e dualista.

Oitava Dissolução

Quando a mente de quase-realização se dissolve na clara luz, limpa-se a segunda porção da mente de quase-realização, que está desprovida de atenção. Sem mesmo a menor aparição dualista grosseira, surge uma aparição de vacuidade muito clara. É como a cor natural do céu do amanhecer no outono, livre das três causas de poluição – luar, luz do sol e escuridão. Essa aparição é como a de uma consciência em postura meditativa, percebendo diretamente o vazio.

Com relação à causa da aparição de clara luz, as gotas branca e vermelha se dissolvem [respectivamente][34] nas indestrutíveis gotas branca e vermelha [do coração], e todos os ventos dentro do canal central se dissolvem no vento muito sutil que transporta a vida. Com isso, o vento e a mente muito sutis que existiram no estado comum desde o princípio [em estado não manifestado] se manifestam, surgindo tal aparição. Logo, não se trata da aparição de um céu vazio vinda de fora.

Ela é chamada de "clara luz da morte" e de "o todo-vazio" [porque está desprovida das oitenta concepções, de aparição, aumento e quase-realização, bem como dos ventos que lhes servem de suporte]. É a morte em si.

Esse é o Corpo da Verdade básico [assim chamado porque é a base da purificação que será transformada em um Corpo da Verdade]. A vacuidade é chamada de Corpo de Natureza Básico, e a mente que a toma como objeto é chamada de Corpo da Verdade da Sabedoria da Compreensão.

[A maioria dos][35] seres humanos comuns ficam na clara luz durante três dias, e neles ocorrem os sinais dos constituintes branco e vermelho.

Um pouco de sangue e flegma emergem do nariz e/ou do órgão sexual, sendo a parte não-refinada das gotas que se dissolveram no coração.

Contudo, nos casos em que os constituintes físicos foram gravemente consumidos pela doença, os sinais dos constituintes vermelho e branco não surgem, por mais que passe o tempo.

Tais pessoas não chegam a ficar um dia sequer na clara luz[36].

Além disso, diz-se que iogues com percepção superior e inferior podem mesclar a clara luz com o Corpo da Verdade e permanecer neste por um número maior ou menor de dias [adicionais].

Pontos de esclarecimento

Dissolução. Com relação ao modo como se dissolvem as mentes de aparição, de aumento e de quase-realização, a capacidade da mente anterior cessa e a seguinte torna-se mais manifesta. A isso dá-se o nome de dissolução da anterior na seguinte, mas não significa que a anterior assuma a natureza da seguinte.

Céu de outono. A razão pela qual se usa um céu de outono no exemplo é que as chuvas do verão limparam as partículas de terra suspensas no espaço, e o céu ficou livre das obstruções das nuvens. Como uma mescla dessas duas coisas geralmente ocorre com grande clareza no outono, usa-se como exemplo o céu de outono.

Além disso, como o espaço é uma vacuidade, ou seja, a mera negação de contato obstrutivo grosseiro, as aparições de conceitualidade grosseira desapareceram dessas mentes, surgindo uma aparição de vacuidade durante os quatro "vazios" [vazio, bem vazio, muito vazio e completamente vazio]. Nesses dois sentidos, os modos de aparição [nesses quatro estados] são similares a um céu de outono, e por isso ele é usado como exemplo. Não quer dizer que nessas ocasiões surjam aparições do céu ou coisa parecida.

Ventos grosseiros e sutis. Pergunta: se, antes da mente de aparição, dissolveram-se as oitenta concepções indicativas, bem como os ventos que lhes servem de suporte, não é verdade que não restariam ventos a se dissolver no momento da aparição, do aumento e da quase-realização?

Resposta: em geral, os ventos são de muitos tipos, grosseiros e sutis; logo, embora os grosseiros já tenham se dissolvido, os sutis ainda subsistem. Portanto, o momento em que apenas ventos sutis atuam como base da consciência ocorre desde a dissolução do vento [dentre os quatro elementos] na aparição até a dissolução da quase-realização em clara luz.

Vacuidade e vazio. Durante os quatro vazios, aparições grosseiras convencionais desaparecem da mente, pois essas mentes, bem como a aparição de objetos, tornaram-se mais sutis do que as mentes e objetos anteriores. Com isso, surge uma vacuidade, mas não se trata de tomar o vazio como objeto da mente.

Os estágios da morte

Nessas ocasiões, só aparições de real existência surgem para o ser comum, que não cultivou o caminho; aparições de existência não-real não surgem. Isso se deve ao fato de os quatro vazios surgirem para todos os seres sencientes que estão morrendo; se o vazio fosse realizado durante a morte, todos seriam libertados – absurdamente – sem esforço [da existência cíclica].

No momento em que surge a clara luz, um ser comum fica com medo de ser aniquilado.[37]

Seres comuns vivenciam a clara luz da morte na maneira de sua aparição, sem ser discernida, nem mesmo com a mente de discernimento.

Clara luz mãe e filho. A clara luz da morte é a clara luz "mãe", enquanto aquela que surge por meio de meditação durante o sono e do estado de vigília durante o caminho espiritual é chamada de clara luz "filho". A meditação que mescla as duas durante a clara luz da morte recebe o nome de "misturando as claras luzes mãe e filho".

Pergunta: De modo geral, a clara luz da morte é uma clara luz plenamente qualificada?

Resposta: Embora a clara luz mãe e a clara luz filho que ficam mescladas e estabilizadas na visão [do vazio] de um iogue sejam uma clara luz plenamente qualificada, a clara luz da morte que surge para um ser comum – não graças à meditação, mas por si só – não é o caso de se dar o nome de "clara luz" a uma simples cessação de aparição dualista grosseira. Ela não é plenamente qualificada.

De modo geral, a clara luz pode ser de dois tipos – a clara luz objetiva, que é o vazio sutil [da existência inerente] e a clara luz subjetiva, que é a consciência de sabedoria percebendo este vazio.

Conclusão

[Como será explicado no Capítulo Quatro] esses estágios da morte são levados ao caminho por meio da prática de se assumir a morte como o Corpo da Verdade nos estágios de geração e completude do Mantra Ioga Mais Elevado. São também as principais bases da purificação por meio da luz metafórica e da clara luz em si. Portanto, é muito importante compreendê-los bem.

2 • Os estágios para alcançar o estado intermediário

No final de um período mais ou menos longo, em que a mente de clara luz fica sem qualquer movimento, surge nela um leve movimento, um mero tremular. Este dá início à saída da clara luz. Nesse momento, a mente e o vento muito sutis deixam a gota aberta dos constituintes branco e vermelho do coração e passam para fora. O corpo é abandonado, formando-se o corpo do estado intermediário. Ao mesmo tempo, o constituinte branco do coração desce e emerge pelo ponto do sinal masculino ou feminino, enquanto o constituinte vermelho emerge pelo nariz.

O vento que serve de suporte para a clara luz da morte, e tem as cinco luzes, age como causa substancial do corpo do estado intermediário.

A cor do vento muito sutil e que sustenta a vida é branca, mas ele emite um fulgor com cinco matizes – branco, vermelho, amarelo, verde e azul.

Esse vento de sustentação da vida também atua como causa cooperativa da mente do estado intermediário.

A mente de clara luz da morte atua como causa cooperativa do corpo e como causa substancial da mente do estado intermediário. Em função disso, o estado intermediário, que tem um corpo de ar com o aspecto do ser humano tal como irá renascer, estabelece-se de fato, separado dos antigos discriminativos da [vida anterior que foi uma] fruição [das ações anteriores].

O corpo da pessoa no estado intermediário tem o formato do corpo da próxima vida, seja como um ser dos infernos, um fantasma faminto, um animal, ser humano, semideus ou deus.

Nesse momento, as três mentes — aparição, aumento e quase-realização —, que foram explicadas antes, aparecem em ordem inversa. O surgimento da mente negra radiante da quase-realização do processo inverso, a cessação da clara luz da morte e a realização do estado intermediário são simultâneos. Muitos textos — como os *Conhecimentos* (*Abhidharma*) superior [Mahayana] e inferior [Hinayana] e os *Tratados sobre os níveis*, de Asanga —[38] dizem que a cessação do estado da morte e o atingimento do estado intermediário são simultâneos, como o movimento [para cima e para baixo] dos braços de uma balança. Além disso, como o ser do estado intermediário nasce espontaneamente, todos os seus membros, principais e secundários, formam-se simultaneamente.

Logo após a chegada ao estado intermediário, a mente é aquela da quase-realização do processo inverso. Dela, gera-se a mente de aumento do processo inverso; desta, a de aparência, e desta ainda, as oitenta concepções indicativas. Nessas ocasiões, os sinais — desde a quase-realização [negra] até a miragem — ocorrem em série, mas na ordem inversa da explicada antes.

Agora, a ordem é:

1. Clara luz.
2. Quase-realização negra radiante.
3. Aumento vermelho radiante.
4. Aparição branca radiante.
5. Chama de uma lamparina a manteiga.
6. Vaga-lumes.
7. Fumaça.
8. Miragem.

Este ser do estado intermediário perambula rapidamente, procurando um local de nascimento, odores [para sua nutrição] e assim por diante. Tendo um corpo mental muito sutil, formado apenas pelo ar, e tendo abandonado o corpo grosseiro dos elementos dotado de carne pesada e grosseira, sangue e assim por diante, chama-se Corpo de Fruição Básico [porque é a base da purificação que será transformada em um Corpo de Fruição]. Também é chamado comedor de odores [porque se alimenta de odores].

Pergunta: Que exemplo se pode dar acerca do estado intermediário?

Resposta: Hoje, quando vamos dormir, os quatro sinais [miragem, fumaça, vaga-lumes e a chama de uma lamparina a manteiga], bem como os quatro vazios [vazio, bem vazio, muito vazio e completamente vazio] do sono surgem como esses do momento da morte, mas de modo muito breve. Surge a clara luz do sono [que é mais grosseira que a da morte], e quando começamos a sair dele, fazemo-lo em um corpo de sonho [que é como sair da clara luz da morte em um corpo do estado intermediário]. Tendo saído da clara luz do sono, chega-se a um corpo de sonhos, e realizamos as diversas atividades do sono. Então, quando começamos a despertar do sono, o corpo ventoso de sonhos se dissolve de fora para dentro como o hálito em um espelho, e, concentrando-se no coração, dissolve-se no vento e na mente muito sutis que são uma entidade indiferenciável dentro do canal central no coração dos antigos discriminativos mental e físico. Depois, despertamos do sono e realizamos diversas atividades.

Descrição do estado intermediário

Características. A entidade de tal estado intermediário tem cinco características:[39]

1. Tem todas as faculdades dos sentidos.
2. Como nasceu espontaneamente, todos os seus membros, principais e secundários, são concluídos simultaneamente.

3. Como seu corpo é sutil, não pode ser destruída nem por um diamante.

4. Exceto por lugares de nascimento, como o útero da mãe, não é obstruída nem por montanhas, cercas etc.

5. Com as forças do *karma*, ela pode, em um instante, ir aonde quiser, e nem um Buddha pode detê-la.

Mudança de tipo. O *Tesouro do conhecimento* (*Abhidharmakosha*),[40] de Vasubandhu, explica que depois que um determinado ser atinge o estado intermediário, não muda para outro tipo de migração [dentre os seis tipos de migradores – deus, semideus, humano, animal, fantasma faminto e ser dos infernos]. Contudo, o *Compêndio do conhecimento* (*Abhidharmasamuchchaya*), de Asanga, diz que não é certo que, após um estado intermediário de certo tipo de ser ter sido atingido, ele nasça necessariamente naquele tipo, havendo reversões para outro tipo de migração. No entanto, tanto no sistema de *Conhecimentos* superior [Mahayana] e inferior [Hinayana], há pessoas que atingem o estado de Destruidor de Inimigos com base no estado intermediário; logo, não deve ser afirmado que alguém necessariamente deve renascer a partir dele.

Sinônimos. O *Tesouro do* conhecimento,[41] de Vasubandhu, explica que "surgido da mente", "buscador da existência", "estado intermediário" e "estabelecendo existência"[42] são sinônimos.

Duração da vida. O [estado intermediário] mais longo é de sete dias; no entanto, como há casos de transmigração para o nascimento seguinte logo depois de se atingir o estado intermediário quando as causas para o renascimento se agregam, não há certezas. Se em sete dias as causas de renascimento não se agregarem, ao cabo do sétimo dia ocorre uma pequena morte, com o que se atinge [outro] estado intermediário. O *Realidade dos níveis* (*Bhumivastu*), de Asanga, diz que quando, desse modo, tiverem se passado sete semanas, as causas para o renascimento se agregam definitivamente, e o renascimento ocorre necessariamente.

Morte no estado intermediário. Com relação ao modo como ocorre a pequena morte ao cabo de uma semana, o corpo ventoso do ser intermediário se concentra no coração em estágios, desde o alto e o baixo, como o hálito em um espelho que vai esmaecendo da beirada para dentro. As oitenta concepções indicativas do estado intermediário, bem como o vento que lhe serve de suporte, se dissolvem. Com isso, os quatro sinais e os quatro vazios da morte do ser intermediário surgem rapidamente, e manifesta-se a clara luz da morte. Então, o vento que serve de suporte para a clara luz atua como a causa substancial, e o corpo ventoso do ser intermediário é formado como antes, ao mesmo tempo que chega a mente de quase-realização do processo inverso. Não importa quantas pequenas mortes ocorram enquanto dispomos do suporte de vida do ser intermediário, pois elas estarão incluídas no estado intermediário [e não no estado de morte].

Vendo o corpo anterior. O *Realidade dos níveis*, de Asanga, diz que mesmo quando o ser intermediário vê seu antigo suporte físico, em virtude de ter rompido qualquer relação com esse corpo, ele não pensa "meu corpo" e não gera o desejo de entrar nele.

Sete dias. Alguns intérpretes têm afirmado que a alegação de que o ser intermediário vive sete dias refere-se aos dias dos tipos específicos de migradores [e alguns deles são muito longos em comparação com os dias humanos]. Contudo, isso não é correto, pois o ser intermediário [que irá renascer] como ser dos infernos ou um deus do mundo da forma teria de habitar esses estados durante os sete dias desses tipos de seres, resultando no grande absurdo de ter de afirmar que há casos em que se poderiam passar muitos e muitos milhões de anos no estado intermediário sem a agregação das causas para o renascimento.

Modo de saída do corpo após a morte. Quem vai renascer como ser dos infernos sai pelo ânus; como fantasma faminto, pela boca; como animal, pelo meato urinário; como humano, pelo olho; como um deus do reino do desejo, pelo umbigo; como um *yaksha*, pelo nariz; como deus de realização mágica, ou como "provável-humano", pelo ouvido[43]. Se a pessoa for renascer no reino da forma, a saída se dará pelo meio do cenho, e se a pessoa for renascer no reino sem forma, pelo alto da cabeça. Essas estão descritas no oitavo capítulo do *Samputa tantra* (*Samputa*), e assim por diante.

Objeção: Isso contradiz a explicação no *Tratado dos níveis* de Asanga, e em outros, de que quando o corpo é abandonado a consciência sai pelo coração.

Resposta: Não há contradição. Quando a consciência sai do corpo, inicialmente o faz pelo coração; contudo, quando efetivamente vai para fora, fá-lo por essas portas específicas.

Pergunta: O que quis dizer Vasubandhu ao afirmar[44], "Ao se morrer em estágios, a mente morre e sai pelos pés, umbigo e coração", e, em seu comentário, "Se a pessoa deve renascer em má migração, a consciência sai pelos pés; se como humano, pelo umbigo. Se a pessoa vai renascer como deus, ou quando um Destruidor de Inimigos morre, a consciência se detém no coração"?

Resposta: Como explica o comentário, a mente cessa nesses lugares; portanto, essas passagens indicam apenas as diferentes maneiras de cessação da consciência mental, por conta da cessação dos sentidos corpóreos em lugares como os pés. Como ele não ensina que a consciência vai para o exterior por esses lugares, não há contradição com o que foi explicado antes.

Percepção. O *Tesouro do conhecimento*[45] de Vasubandhu explica que seres intermediários são vistos por outros de tipo similar e por aqueles dotados de puro olhar divino [ou seja, clarividentes]. Com relação a isso, o olhar divino que é obtido apenas pelo nascimento é impuro, enquanto aquele que é obtido por força de meditações anteriores é puro. O *Comentário sobre o "Tesouro do conhecimento"* de Vasubandhu (*Abhidharmakoshabhashya*) também explica que seres intermediários de tipo superior percebem os inferiores[46].

Tamanho. O *Comentário sobre o "Tesouro do conhecimento"* de Vasubandhu explica que um ser intermediário que foi humano neste mundo tem o tamanho de uma criança de cinco ou seis anos[47]. Contudo, dizem que essa alegação não é inconstestável.

Aspecto. O *Realidade dos níveis*, de Asanga, diz que, para um ser intemediário de má migração [animal, fantasma faminto ou ser dos infernos], parece haver uma bandeira negra estendida, ou uma noite permeada pela escuridão; por outro lado, para um ser intermediário de boa migração [humano, semideus ou deus], parece haver um pano branco estendido, ou a noite permeada pelo luar.

Cor. O *Sutra do ensinamento a Nanda sobre a entrada no útero* (*Ayushmannandagarbhavakratinirdesha*) explica que [a cor do corpo] no estado intermediário de um ser dos infernos é como um tronco queimado pelo fogo; de um fantasma faminto, como água; de um animal, como fumaça; de um deus do reino do desejo ou de um ser humano, como ouro; e de um deus do reino da forma, branco etc.

Forma. O *Tesouro do conhecimento*[48] de Vasubandhu diz que um ser intermediário tem o aspecto carnal ou a forma física do "estado anterior" daquele migrador com que irá renascer. São quatro estados:

1. *Estado de nascimento*: o primeiro momento de conexão com a nova vida.

2. *Estado anterior*: existência a partir do momento seguinte à conexão com a nova vida, até o estado de morte.

3. *Estado de morte*: existência durante o último período de morte ou no momento de se vivenciar a clara luz da morte.

4. *Estado intermediário*: existência que ocorre entre o estado de morte e o estado de nascimento.

Enganando-se com as palavras "estado anterior", alguns afirmam que o ser intermediário tem o aspecto físico da vida anterior.[49] Além disso, outros, vendo a explicação [de Asanga][50] que diz que terá a forma física da próxima vida, afirmam que ele tem o aspecto físico da vida anterior durante três dias e meio e o da próxima durante três dias e meio. A *Grande exposição dos estágios do caminho*, de Tsong-ka-pa, explica que isso é apenas uma invenção sem fonte certa[51]. A palavra "anterior" da frase "estado anterior" é anterior em relação ao estado de morte da próxima vida, mas não ao estado intermediário. Isso porque o *Tesouro do conhecimento*[52] de Vasubandhu diz: "... possuindo a forma carnal do estado anterior que *irá* ocorrer", usando o futuro e não o passado.

Além disso, com relação à explicação de que um ser intermediário tem o aspecto do ser senciente tal como irá renascer, alguns dizem que o ser intermediário de um migrador – que em sua próxima vida não terá todas as faculdades dos sentidos – também não os terá. Isso é errado, porque aquilo que os sentidos não têm de completo, como os olhos, surgirá após o renascimento em um lugar de nascimento, como o útero. Além disso, em nenhum lugar se diz que o ser intermediário não dispõe de todos os sentidos. Finalmente, seria extremamente absurdo se, em virtude da mera explicação de que ele tem o aspecto do ser com que irá renascer, o ser intermediário tivesse de ser similar em todos os sentidos.

Modo de movimento. O *Realidade dos níveis*, de Asanga, diz que um ser intermediário de um deus passa para cima; de um ser humano, para a frente; o de uma má migração, para baixo, com a cabeça em primeiro lugar.

Os três reinos. A fim de nascer no reino do desejo ou da forma, é necessário passar por um estado intermediário. Portanto, a *Grande exposição dos estágios do caminho*[53] de Tsong-ka-pa diz que não é correta a afirmação de que não há estado intermediário para aqueles que realizaram ações de retribuição imediata.

Os estágios para alcançar o estado intermediário

As cinco ações de retribuição imediata – matar o próprio pai, mãe ou Destruidor de Inimigos, fazer com que saia sangue do corpo de um Buddha com má intenção ou causar discórdia na comunidade espiritual – levam, após a morte, ao renascimento imediato em um inferno. Mesmo assim, o ser moribundo deve passar primeiro pelo estado intermediário por um breve período; logo, o "imediato" não deve ser interpretado como se excluísse o estado intermediário.

Contudo, não há estado intermediário para quem renasce em um reino sem forma [espaço ilimitado, consciência ilimitada; vazio e pico da existência cíclica]. Isso se deve ao fato de os discriminativos que formam a base do nome de um ser sem forma [ou seja, a mente e os fatores mentais do ser] serem obtidos no local da morte. Uma pessoa que vai renascer em um reino sem forma realiza a estabilização meditativa sem forma de dentro da clara luz da morte. Não há o surgimento da mente de quase-realização quando se sai da clara luz da morte no processo inverso, pois isso seria a mente do estado intermediário. Logo, o reino sem formas não tem lugar separado dos reinos do desejo e da forma.

Ser intermediário especial. O *Comentário sobre o "Tesouro do conhecimento"* de Vasubandhu e o *Estágios ordenados dos meios de atingir Guyasamadja (Samajasadhanavyavasthali)*[54], de Nagabodhi, dizem que um ser intermediário especial, que é um bodhisattva a apenas um renascimento de distânia da iluminação, sai da Terra Jubilosa e entra no útero materno, e que esse ser intermediário é um jovem adornado com os sinais maiores e menores, com luzes iluminando um bilhão de conjuntos de quatro continentes.

Cada sistema de mundo tem uma montanha em seu centro, quatro continentes principais e oito continentes menores.

Objeção: Isso contradiz a explicação de Bhadanta Dharmasubhuti, que diz que [Buddha Shakyamuni] entrou no útero na forma de um elefante branco com seis presas[55].

Resposta: Não é preciso reafirmar o processo de acordo com essa explicação [que é de sua invenção]; contudo, [também pode ser dito que] ele ensinou isso apenas porque sua mãe teve tal sonho. Se fosse dito que um ser intermediário que vai renascer como humano tem o aspecto de um animal, isso contradiria muitos tratados válidos. [A entrada de Shakyamuni em um útero] é tida como literal nos sistemas Hinayana, mas como um simples exemplo no Mahayana [porque antes ele havia atingido o budato].

Conclusão

[Como será explicado no Capítulo Quatro] esses fatores do estado intermediário são levados ao caminho com a prática de adotar o estado intermediário como um Corpo do Prazer Completo no estágio de geração do Mantra Ioga Mais Elevado. São também as bases de purificação mediante os corpos ilusórios impuros e puros [no estágio de completude]. Portanto, é importante conhecê-los em detalhes.

3 • Renascendo

O *Sutra do ensinamento a Nanda sobre a entrada no útero* diz que para um ser intermediário renascer no útero de uma mãe, devem se reunir três condições favoráveis e devem estar ausentes três desfavoráveis:

1. A mãe deve estar livre de doenças e, na época, não estar menstruada.

2. O comedor de odores [ser intermediário] deve estar próximo e desejoso de entrar.

3. O homem e a mulher devem se desejar e se reunir.

4. O útero da mãe deve ser isento de defeitos, como o seu centro se parecer com uma semente de cevada, cintura de formiga ou boca de camelo, e não deve estar obstruído por vento, bile ou flegma.

5. Tanto a mãe como o pai não devem ter sementes defeituosas, como sêmen ou sangue que não desce, ou um que desce antes do outro, ou, embora desçam juntos, um dos dois está estragado.

6. O comedor de odores não deve ter o defeito de não ter acumulado uma ação (*karma*) por ter nascido como filho daquele homem e daquela mulher, que também não devem ter o defeito de não ter acumulado uma ação para se tornarem seus pais.

Isso tem significado similar à declaração feita em uma escritura que diz que tais seis estados devem estar presentes.

O comedor de odores que tem essas seis condições vê, de maneira ilusória, pai e mãe deitados juntos. Em conseqüência da vontade de copular, se ele irá renascer como homem, sente desejo pela mãe e quer se afastar do pai; se vai renascer como mulher, sente desejo pelo pai e quer se afastar da mãe. Então, quando começa a abraçar aquele que deseja, por conta de ações anteriores não percebe nenhuma parte do corpo senão o órgão sexual da pessoa, o que lhe causa raiva. Esse desejo e essa raiva atuam como causa da morte, e o ser intermediário entra no útero.

Uma pessoa de poucos méritos ouve ruídos clamorosos e tem a sensação de adentrar um pântano, uma floresta densa ou coisa assim; enquanto a pessoa acostumada a boas ações ouve sons pacíficos e agradáveis, tendo a sensação de que está entrando em uma bela casa etc[56].

O capítulo sobre "Muitos níveis" do livro de Asanga, *Realidade dos níveis*, diz que se o pai e a mãe não estiverem realmente deitados juntos [nesse momento], o comedor de odores percebe erroneamente o sêmen e o sangue como se fossem os pais. O *Comentário sobre o "Tesouro do conhecimento"* de Vasubandhu explica, porém, que ele [realmente] vê o pai e a mãe deitados juntos[57].

Quando homem e mulher se encontram absortos um com o outro [em intercurso sexual], pela força do contato de seus órgãos sexuais, o vento que desce desloca-se para cima, e o calor interior da tripla intersecção [entre os canais central, direito e esquerdo no plexo solar] se intensifica. O calor derrete as gotas brancas e vermelhas, que descem pelo interior vazio dos setenta e dois mil canais. Com isso, mente e corpo ficam sublimemente satisfeitos, e, no final, em um período de forte desejo, surge um espesso fluido regenerador. Depois, essas gotas de sêmen e sangue que emergem definitivamente do homem e da mulher misturam-se no útero da mulher. A consciência do ser intermediário entra no meio disso, que é como o creme formado pelo leite fervido.

Quanto ao modo como isso acontece, o ser intermediário entra inicialmente por qualquer das três portas – a boca do homem, o alto da cabeça do homem ou o útero da mulher. Depois, ele se associa com o fluido regenerador que desceu pelos setenta e dois mil canais [do homem e da mulher, que se misturaram no útero]. Os ventos que causam o movimento da conceitualidade durante o estado intermediário se dissolvem, com o que surgem em estágios as mentes da aparição, do aumento e da quase-realização. Essas mentes e a clara luz da morte do estado intermediário aparecem rapidamente – gerados por um período mais breve do que aqueles descritos antes, por ocasião da saída do corpo grosseiro.

Ocorrem os sinais, da miragem à clara luz, e uma continuação de um tipo similar de clara luz faz, no centro da mistura de sêmen e sangue, a conexão com a nova vida. A tomada do renascimento e o estabelecimento da quase-realização do processo inverso são simultâneos.

O primeiro momento da mente de quase-realização é a base para se designar a convenção verbal "estado natal", e é a mente da conexão inicial com a nova vida no local de nascimento. A partir daí, produzem-se o segundo momento de quase-realização e os seguintes; depois, o aumento; em seguida, a aparição; da aparição, as oitenta concepções indicativas, bem como os ventos que lhes servem de suporte.

Do vento que é suporte da mente de aparição, gera-se um vento[58] com a capacidade especial de atuar como base da consciência. Dele, gera-se um constituinte fogo que tem a capacidade especial de servir de base para a consciência; dele, um constituinte água que tem tal capacidade; e dele, um constituinte terra que tem tal capacidade.

Com relação à porta pela qual o ser intermediário entra no útero, o texto *Estágios ordenados dos meios de se atingir Guyasamadja*, de Nagabodhi, explica que ele entra pela porta de Vairochana – o alto da cabeça – enquanto o *Samvarodaya Tantra* (*Samvarodaya*) e o *Vajrashekhara Tantra* (*Vajrashekhara*) explicam que ele entra pela boca do homem. Portanto, inicialmente, o ser intermediário entra pela boca do homem ou pelo alto da cabeça e emerge por seu lugar secreto [falo], entrando no lótus da mãe [vagina]. A consciência do ser intermediário agonizante faz conexão com a nova vida no meio do sêmen e do sangue. Além disso, como o *Comentário sobre o "Tesouro do conhecimento"* de Vasubandhu explica que ele entra pela porta do útero da mãe[59], devemos entender que há três portas de entrada para o útero – a boca do homem, o alto da cabeça do homem e a porta que dá para o útero da mulher.

Essa apresentação tem sido feita de acordo com o modo de entrada de um ser intermediário humano que está prestes a renascer em um útero. Entretanto, como o ser intermediário não tem obstáculos, de modo geral, ele não precisa de um orifício que lhe sirva de porta de entrada. O *Comentário sobre o "Tesouro do conhecimento"* de Vasubandhu diz que é sabido que podem ser encontrados organismos dentro de um bloco de ferro que foi partido[60]. Ademais, existem seres scientes em pedras e rochas muito duras e sem aberturas.

Desenvolvimento do corpo no útero

O *Sutra do ensinamento a Nanda sobre a entrada no útero* explica que o útero fica abaixo do estômago da mulher e acima do final do intestino grosso. Inicialmente, o feto ovóide fica coberto, por fora, por algo parecido com o creme que flutua na superfície do leite fervido; por dentro, ele é muito fluido. A partir desse ponto, são estabelecidos discriminativos grosseiros [físicos]; decorre disso que os corpos sutil e grosseiro que duram até a morte são adquiridos dos constituintes dos quatro elementos. O vento-terra causa a retenção; o vento-água, a coesão; o vento-fogo causa a maturação e a não-putrefação; o vento-vento causa o desenvolvimento.

Quando o feto ovóide já tiver mais de sete dias, produz-se um novo vento, e, em virtude da maturação que ele provoca, o feto fica viscoso tanto por fora como por dentro, como iogurte, mas ainda não se tornou carne. Com mais sete dias, produz-se um novo vento, e, graças à maturação que ele provoca, o feto se torna carnudo, mas não consegue resistir a pressões. Após mais sete dias, ele endurece graças ao amadurecimento de um novo vento; a carne agora está dura e pode suportar pressão. Quando tiverem se passado mais sete dias, devido ao amadurecimento por um novo vento, o feto desenvolve braços e pernas, pois cinco protuberâncias – indicando as duas pernas, os dois ombros e a cabeça – se destacam claramente. No *Estágios ordenados dos meios de se atingir Guyasamadja*, de Nagabodhi, esses são chamados de cinco estados no útero.

O *Comentário sobre o "Tesouro do conhecimento"*[61] de Vasubandhu e o *Sutra do ensinamento a Nanda sobre a entrada no útero* [trocam a ordem dos nomes] para os dois primeiros desses cinco estágios, deixando os três últimos como indicado, enquanto o *Realidade dos níveis*, de Asanga, inverte os dois primeiros [tal como foi apresentado aqui]. No entanto, dizem que, exceto por uma ordem diferente nas denominações, não há contradição nos significados.

Durante a quarta semana, as gotas brancas e vermelhas se dividem em porções refinada e não-refinada. Das brancas vêm os três tesouros internos obtidos do pai – fluido regenerador, medula e osso. Das gotas vermelhas vêm os três tesouros externos obtidos da mãe – carne, pele e sangue.

O lugar – em meio ao sêmen e ao sangue – onde a consciência entra torna-se depois o coração. Nele, há uma massa do tamanho de uma semente grande de mostarda branca [ou de uma ervilha pequena], que é uma composição de quatro fatores: o vento e a mente muito sutis e as essências do sêmen e do sangue. Com isso em seu meio, formam-se os canais central, direito e esquerdo, que cada um envolve três vezes. Depois, com a força do vento ascendente sendo gerado rumo ao alto e o vento descendente rumando para baixo, o canal central, bem como o direito e o esquerdo, desenvolvem-se para cima e para baixo. [Nesse ponto], a parte mais alta e a mais baixa [do corpo] são finas, e o meio é bulboso, como a forma de um peixe. Mais adiante, gradualmente, as cinco protuberâncias, e depois destas os cinco membros, cabelos, unhas, pêlos do corpo etc., os sentidos físicos, o órgão masculino ou feminino, o hálito que se move pela boca, as oito origens da fala – língua, palato e assim por diante – e a percepção que é o movimento da consciência mental rumo aos objetos – surgem em sua forma completa.

Se a criança que se desenvolveu no útero dessa maneira for um menino, ficará encolhido do lado direito da mãe e voltado para a coluna dela. Se for menina, ficará encolhida do lado esquerdo da mãe e voltada para a frente.

Com relação ao tempo passado no útero, o *Sutra do ensinamento a Nanda sobre a entrada no útero* diz que o nascimento ocorre ao cabo de trinta e oito semanas; seriam duzentos e sessenta e dois dias. O *Realidade dos níveis*, de Asanga, acrescenta quatro dias, dizendo que o nascimento ocorre após duzentos e setenta dias. O *Samvarodaya Tantra* se refere a um possuidor de mente que emerge durante o décimo mês. Esses três concordam em definir o período como nove meses inteiros [sendo o mês de quatro semanas ou vinte e oito dias] e parte de um décimo. [Deve ser observado que] os dias mencionados no *Sutra do ensinamento a Nanda sobre a entrada* e no *Realidade dos níveis* de Asanga se referem a dias plenos [e não a datas certas], e os meses se referem a períodos de quatro semanas [e não a meses do calendário].

Durante a trigésima quinta semana, completam-se o corpo – ou seja, os discriminativos, constituintes, fontes, membros, membros secundários, cabelos, unhas e assim por diante – as fontes da fala – como a língua e o palato – e a percepção que simboliza a consciência mental ligando-se a objetos. Na trigésima sexta, a criança começa a não gostar do útero e gera o desejo de sair. Na trigésima sétima, surge a discriminação de maus odores e das imundícies. Finalmente, na trigésima oitava, aparece um vento chamado "secundário", que é gerado por ações anteriores, com o que o corpo do ser senciente no útero vira-se de cabeça para baixo. Com seus braços contraídos, ele se aproxima da porta do útero no ventre da mãe. Então, surge um vento chamado "virado para baixo", gerado por ações anteriores, com o que o ser senciente no ventre é forçado a passar pela vagina com a cabeça para baixo e os pés para cima. No final da trigésima oitava semana, ele emerge no exterior e fica visível. Depois, têm lugar os cinco estados após o nascimento – infância, juventude, idade adulta, meia-idade e velhice.

Formação dos canais, ventos e gotas

Inicialmente, formam-se cinco canais do coração ao mesmo tempo – o canal central, o direito e o esquerdo, bem como o Círculo Tríplice do leste [frente] e o Desejoso do sul [direita].

A roda-canal do coração é formada pelos canais central, direito e esquerdo, ao redor dos quais há oito pétalas ou raios – quatro nas direções cardeais e quatro nas direções intermediárias.

Depois, formam-se três canais ao mesmo tempo – o canal Livre de Nós que fica junto [e atrás] do canal central, o Doméstico do oeste [atrás] e o Fogoso do norte [esquerda]. Esses são os chamados oito canais que se formam inicialmente no coração [e que não devem ser confundidos com os oito canais-pétalas do coração].

Mais tarde, cada um dos quatro canais das quatro direções cardeais [no coração] se dividem em dois – que são os quatro canais-pétalas das direções intermediárias. Cada um dos prolongamentos dos oito canais-pétalas do coração se divide em três, formando os vinte e quatro canais dos vinte e quatro lugares[62]. Cada um dos vinte e quatro se divide em três, formando setenta e dois. Cada um destes se divide em mil, formando os setenta e dois mil canais do corpo.

São cinco os canais-rodas principais:[63]

1. A *roda da grande bem-aventurança*, no alto da cabeça, que tem trinta e dois canais-pétalas.

2. A *roda do prazer* na garganta, que tem dezesseis canais-pétalas.

3. A *roda dos fenômenos*, no coração, que tem oito canais-pétalas.

4. A *roda de emanação*, no umbigo, que tem sessenta e quatro canais-pétalas.

5. A *roda da bem-aventurança que sustenta*, na região secreta, que tem trinta e dois canais-pétalas.

Também são bastante mencionados outros três canais-rodas:

6. A *roda do vento*, entre as sobrancelhas, que tem dezesseis canais-pétalas.

7. A *roda de fogo*, entre o pescoço e o coração, que tem três canais-pétalas.

8. A *roda no meio da jóia* [ponta do falo], que tem dezesseis canais-pétalas.

Com relação à formação dos ventos, durante o primeiro mês após a conexão com a nova vida no útero, produzem-se ventos grosseiros que sustentam a vida a partir do vento sutil que sustenta a vida. Nesse momento, a forma física do ser senciente é como a de um peixe. No segundo mês, o vento expelido para baixo é produzido a partir do vento de sustentação da vida; nessa época, o corpo tem cinco protuberâncias, como uma tartaruga. No terceiro mês, o vento que habita o fogo é produzido a partir do vento descendente; nessa época, a parte superior do corpo está levemente recurvada, e por isso tem a forma de um javali. No quarto mês, o vento ascendente é produzido a partir do vento que habita o fogo; nessa época, o torso fica levemente mais largo, e por isso tem a forma de um leão. No quinto mês, produz-se o vento pervasivo a partir do vento ascendente; nessa época, diz-se que o corpo tem a forma de um anão.

O vento de sustentação da vida fica principalmente no meio da roda-canal do coração; tem como função causar o movimento dos ventos para fora e para dentro das faculdades dos sentidos, e a função de manter a vida; sua forma mais grosseira causa o movimento da respiração pelo nariz[64]. O vento descendente costuma ficar no meio da roda-canal da região secreta; tem por função causar a defecação, a micção, a menstruação e assim por diante. O vento que habita o fogo fica principalmente no meio da roda-canal no umbigo [local do calor interior]; tem por função causar a digestão, separando as porções refinada e não-refinada dos nutrientes e acendendo o calor interior. O vento ascendente costuma residir no meio da roda-canal da garganta; sua função é causar a percepção de sabores, a fala e assim por diante. Normalmente, o vento pervasivo habita as juntas; sua função é causar o movimento, a cessação do movimento e assim por diante.

No sexto mês, produzem-se o vento [secundário] que se move pela entrada dos olhos – chamado "móvel" – e o elemento terra.

Entre o sexto mês e o décimo mês, produzem-se os quatro elementos – terra, água, fogo, vento – e o constituinte do espaço, no sentido de que suas capacidades atingem a plenitude.

No sétimo mês, produzem-se o vento [secundário] que se move pela porta dos ouvidos – chamado "movendo-se intensamente" – e o elemento água. No oitavo mês, produzem-se o vento [secundário] que se move pela porta do nariz – chamado "movendo-se plenamente" – e o elemento fogo. No nono mês, produzem-se o vento [secundário] que se move pela porta da língua – chamado "movendo-se fortemente" – e o elemento vento. No décimo mês, produzem-se o vento [secundário] que se move pela porta do corpo – chamado "movendo-se definitivamente" – e o elemento do constituinte do espaço; nessa época, erguem-se os espaços vazios do corpo.

Os cinco ventos secundários são principalmente partes ou estados do vento de sustentação da vida; servem de auxiliares na apreensão de objetos pelas consciências dos cinco sentidos[65].

Dizem que, embora os dez ventos se formam no ventre, a inspiração ou expiração [grosseiras][66] pelo nariz não ocorrem senão imediatamente após o nascimento.

Quanto ao modo como as gotas são formadas, a massa que é uma composição dos constituintes branco e vermelho [gotas], bem como o vento e a mente muito sutis, que têm o tamanho de uma semente grande de mostarda branca e que habita o interior de um lugar levemente vazio no canal central do coração, é chamada de "gota indestrutível" [por ser indestrutível até o momento da morte]. Da gota branca, uma parte sobe pela roda-canal do alto da cabeça e fica lá; é chamada "a letra *ham*"[67]. Ela aumenta, de forma direta e indireta, as gotas brancas em outras partes do corpo. Da gota vermelha do coração, uma parte desce pela roda-canal do umbigo e fica ali; é chamada "A feroz". Ela aumenta, de forma direta e indireta, o constituinte vermelho em outras partes do corpo.

Embora uma porção de cada gota resida em cada roda-canal, aquela do alto da cabeça é a principal fonte de aumento dos constituintes brancos, enquanto a roda-canal do umbigo é a principal fonte de aumento dos constituintes vermelhos. A roda-canal do coração é uma fonte de igual aumento, tanto para os constituintes brancos como para vermelhos. Ademais, diz-se que, sempre que os constituintes brancos e vermelhos se fazem necessários, são produzidos, e assim não são como a água posta em um recipiente [no qual há certa quantidade, que pode se esgotar].

O período entre a conexão com a nova vida no lugar de concepção, até a entrada em um corpo grosseiro, é chamado "Corpo de

Emanação básico" [porque é a base que é transformada em um Corpo de Emanação graças à prática do caminho].

Conclusão

[Como será explicado no próximo capítulo] esses fatores – desde a conexão do ser intermediário com a nova vida no útero, até o nascimento, com este incluso – são similares em aspecto [à prática do] ao nascimento no caminho como um Corpo de Emanação ao se praticar o estágio da regeneração. Também são similares em aspecto aos corpos de ilusão impuro e puro do estágio de completude, no qual ou se adota um Corpo de Emanação grosseiro ou a pessoa habita os antigos discriminativos físicos, tornando-se visível ao olho comum. São também as bases da purificação por essas "introduções ao caminho".

4 · Interrompendo a morte

Não há diferença nas bases sendo purificadas mediante os estágios de geração e completude [no Mantra Ioga Mais Elevado]. No estágio de geração, a pessoa toma a morte básica, o estado intermediário e o nascimento como bases de purificação. Como agentes de purificação, a pessoa cultiva as três "introduções ao caminho", bem como suas ramificações.

Isso significa que, de acordo com os aspectos dos estágios da morte, do estado intermediário e do nascimento, a pessoa leva a morte ao caminho como Corpo da Verdade, o estado intermediário ao caminho como Corpo do Prazer Completo e o nascimento ao caminho como Corpo de Emanação.

No processo do ioga da divindade, o iogue principia meditando sobre o vazio segundo o padrão dos oito sinais da morte, levando assim a morte ao caminho como o Corpo da Verdade de um Buddha. O iogue ergue-se dessa compreensão não-dualista do vazio na forma de uma sílaba-semente (uma sílaba da qual aparece toda a forma de uma divindade) ou símbolo de mão etc., com a própria consciência da sabedoria servindo de base para a emanação. É assim que o estado intermediário é levado ao caminho como Corpo do Prazer Completo. A aparição seguinte da consciência de sabedoria na forma do corpo de uma divindade traduz-se por se levar o nascimento ao caminho como Corpo de Emanação. O ioga do vazio e da divindade que têm por padrão os processos da morte, do estado intermediário e do nascimento só têm lugar no Mantra Ioga Mais Elevado, não nos três tantras inferiores – Ação, Realização e Ioga.

Logo, indiretamente os três – morte comum, estado intermediário e nascimento – se purificam, e a pessoa realiza os três corpos que se harmonizam com eles.

O estágio de completude é o verdadeiro purificador da morte básica, do estado intermediário e do nascimento, por meio de um caminho que se harmoniza com eles.

O estágio de completude se divide em seis etapas:
1. *Isolamento do corpo.*
2. *Isolamento da fala.*
3. *Isolamento da mente.*
4. *Corpo ilusório.*
5. *Clara luz.*
6. *União.*

O isolamento do corpo é um ioga no qual os discriminativos, constituintes, fontes etc. da pessoa são isolados da aparição e da concepção comuns, pois são selados por (ou recebem a marca de) uma bênção e o vazio do estágio de completude; portanto, faz-se com que apareçam com o aspecto de uma divindade[68]. O isolamento da fala é um ioga no qual o vento muito sutil, que é a raiz da fala, é isolado do movimento normal do vento, com o que vento e mantra se unem de forma indiferenciável[69]. O isolamento da mente é um ioga no qual a mente, que é a raiz da existência cíclica e do nirvana, é isolada da conceitualidade, bem como o vento que serve de suporte para esta; essa mente surge com o aspecto de uma entidade de bem-aventurança e vazio indiferenciáveis[70]. Por meio desses três iogas, induzem-se os quatro vazios, embora só apareçam em sua forma completa no final do isolamento da mente, o terceiro estágio.

Esses [fatores no estágio de completude] que harmonizam em aspecto com a clara luz da morte são a aparição, o aumento, a quase-realização e a clara luz [que se manifestam] no isolamento do corpo, no isolamento da fala, no isolamento da mente, no corpo ilusório e na união de um discípulo.

A união que o não-discípulo faz entre a clara luz e o puro corpo ilusório é o próprio budato; os anteriores são discípulos Bodhisattvas.

Interrompendo a morte

Esses [fatores no estágio de completude] que se harmonizam em aspecto com o estado intermediário são o corpo ilusório impuro do terceiro estágio [quando os seis estágios acima são condensados em cinco, tornando-se os dois primeiros como um só] e o corpo ilusório puro da união do aprendiz. Esses [fatores] que harmonizam em aspecto com o nascimento são a permanência dos corpos ilusórios impuro e puro nos antigos discriminativos [o corpo comum] e o fato de se tornarem objetos vistos de forma comum.

Com relação ao modo como os caminhos do estágio de completude purificam diretamente o nascimento, a morte e o estado intermediário, a mente muito sutil – que faz parte da entidade indiferenciável da mente e do vento muito sutis – mantém [normalmente] o *continuum* de tipo similar de um para outro, tornando-se [finalmente] a clara luz da morte comum. Um iogue no estágio de conclusão detém esse [processo] graças ao poder da estabilização meditativa, transformando-o na metafórica clara luz [do isolamento da mente] e na verdadeira clara luz. Isso é feito por um caminho que se harmoniza com a morte. O iogue também transforma a morte na clara luz do fruto – o Corpo da Verdade. É assim que se purifica a morte.

Com relação ao modo de purificação do estado intermediário, o vento muito sutil da entidade indiferenciável [normalmente] mantém um *continuum* de tipo similar entre um e outro, e, agindo como suporte da clara luz comum da morte, ergue-se como corpo de um ser intermediário. Um iogue do estágio de completude detém esse [processo] com o poder da estabilização meditativa e o transforma nos corpos ilusórios puro e impuro de um discípulo e de um não-discípulo que se harmonizam com o estado intermediário. É assim que se purifica o estado intermediário.

Com relação ao modo para se purificar o nascimento, quando é obtido um corpo ilusório o estado intermediário cessa para sempre, e, graças a isso, cessa o renascimento em um útero mediante

81

ações e aflições contaminadas. Em lugar disso, um corpo ilusório entra nos antigos discriminativos físicos de maneira similar à que o ser intermediário nasce pelo útero da mãe, com o que passa a explicar a doutrina [para os demais] e atinge os caminhos superiores. É assim que o nascimento é purificado.

Logo, a raiz da verdadeira cessação do nascimento, da morte e do estado intermediário é apenas a clara luz metafórica [que se manifesta] ao se completar o isolamento da mente. A clara luz metafórica serve de causa direta do corpo ilusório, e, graças ao seu poder de deter efetivamente a morte, cessam por si sós o estado intermediário e o nascimento. Quando se chega ao corpo ilusório por essa clara luz metafórica, cessa para sempre o estado intermediário, porque o vento muito sutil que dava azo ao corpo de um ser intermediário tornou-se um corpo ilusório.

Assim que cessa o corpo intermediário, não se assume o nascimento por causa de ações e aflições contaminadas. Logo, quem atinge um corpo ilusório torna-se necessariamente iluminado na mesma existência.

Receando que a citação das fontes para isso que foi exposto acima tornasse o texto demasiadamente longo, não as incluí. Podem ser vistas nas boas explicações do grande Tsong-ka-pa, o pai, e seus filhos espirituais [Gyeltsap e Ke-drup], bem como dos grandes estudiosos e adeptos que os seguiram.

Embora eu tenha escrito isso segundo o discurso do segundo conquistador – o pai –, seus filhos e estudiosos que se seguiram,

Confesso aos lamas, deuses e estudiosos quaisquer grupos de erros que desviam o pensamento do excelente.

Pela virtude ilustrada nisso, possam todos os migradores – eu e outros – completar rapidamente o bom caminho, transformando os impuros nascimento, morte e estado entre eles nos Três Corpos pelo ioga dos dois estágios do caminho profundo.

Isso foi condensado do texto do eminente e esquecido Yang-jen-ga-we-lo-dro, e posto por escrito como um lembrete para si mesmo.

Bibliografia

Na primeira seção, os títulos estão em ordem alfabética segundo o inglês, seguido pelo sânscrito e pelo tibetano; na segunda seção, por autor. Aqui e nas notas, para obras encontradas no cânone tibetano, "P" refere-se ao *Tibetan Tripitaka* (Tokyo-Kyoto: Suzuki Research Foundation, 1955), uma reimpressão da edição de Pequim. Os títulos em inglês costumam ser abreviados.

1 Sutras e Tantras

Hevajra Tantra
Hevajratantraraja
Kye'i rdo rje zhes bya ba rgyud kyi rgyal po
P10, vol. I

Meeting of Father and Son Sutra
Pitaputrasamagamasutra
Yab dang sras mjal ba'i mdo
P760.16, vol. 23

Samvarodaya Tantra
Mahasamvarodayatantraraja
bDe mchog 'byung ba zhes bya ba'i rgyud kyi rgyal po chen po
P2O, vol. 2

Sutra of Teaching to Nanda on Entry to the Womb (Sutra do ensinamento a Nanda sobre a entrada no útero)
Ayushmannandagarbhavakrantinirdesha
Tshe dang ldan pa dga' bo mngal du 'jug pa bstan pa
P760.13, vol. 23

Vajrashekhara Tantra
Vajrashekharamahaguhyayogatantra
gSang ba rnal 'byor chen po'i rgyud rdo rje rtse mo
P113, vol. 5

2 Outras obras

Asanga (Thogs-med)
Actuality of the Levels/Levels of Yogic Practice (Realidade dos níveis)
Bhumivastu/Yogacharyabhumi
Sa'i dngos gzhi/rNal 'byor spyod pa'i sa
P5536-38, vols. 109-10

Compendium of Knowledge (Compêndio do conhecimento)
Abhidharmasamuchchaya
mNgon pa kun btus
P5550, vol. 112
Dönden, Dr Yeshi (Ye-shes-don-ldan)

The Ambrosia Heart Tantra
Traduzido pelo Ven. Jhampa Kelsang
Dharmsala: Library of Tibetan Works and Archives, 1977
Hopkins, Jeffrey

Meditation on Emptiness
Nova York: Potala, 1980
Lo-sang-gyel-tsen-seng-gay (bLo-bzang-rgyal-mtshan-seng-ge)   1757 ou 1758 [?]

Presentation of the Stage of Completion of the Lone Hero, the Glorious Vajrabhairava, Cloud of Offerings Pleasing Manjushri
dPal rdo rje 'jigs byed dpa' bo gcig pa'i rdzogs rim gyi rnam bzhag 'jam dpal dgyes pa'i mchod sprin
Delhi: 1972
Lo-sang-hlun-drup (bLo-bzang-lhun-grub,   também conhecido como Lhun-grub-pandita), século dezenove

Instructions on the Stages of Generation and Completion of Bhairava/Presentation of the Two Stages of the Profound Path, Generation and Completion, of the Great Glorious Vajrabhairava, Jewel Treasury of the Three Bodies
'Jigs byed bskyed rdzogs khrid yig, dPal rdo rje 'jigs byed chen po'i bskyed rdzogs kyi lam zab mo'i rim pa gnyis kyi rnam bzhag sku gsum nor bu'i bang mdzod
Leh: S. W. Tashigangpa, 1973
Nagabodhi (kLu'i byang chub)

Ordered Stages of the Means of Achieving Guyasamadja (Estágios ordenados dos meios para se atingir Guyasamadja)
Samajasadhanavyavasthali
'Dus pa'i sgrub pa'i thabs rnam par bzhag pa'i rim pa
P2674, vol. 62
Na-wang-bel-den (Ngag-dbang-dpal-ldan), 1797-[?]

Illumination of the Texts of Tantra, Presentation of the Grounds and Paths of the Four Great Secret Tantra Sets
gSang chen rgyud sde bzhi'i sa lam gyi rnam bzhag rgyud gzhung gsal byed
Edição rGyud smad par khang; sem mais informações
Na-wang-ke-drup (Ngag-dbang-mkhas-grub, também conhecido como Kyai-rdo mKhan-po de Urga), 1779-1838

Presentation of Birth, Death and Intermediate State
sKye shi bar do'i rnam bzhag
The Collected Works, vol. I, 459-74
Leh: S. W. Tashigangpa, 1972
Tsong-ka-pa (Tsong-kha-pa), 1357-1419

Great Exposition of the Stages of the Path (Grande exposição dos estágios do caminho)
Lam rim chen mo
Dharmsala: Shes rig par khang, 1964

Lamp Thoroughly Illuminating (Nagarjuna's)' The Five Stages': Quintessential Instructions of the King of Tantras, the Glorious Guyasamadja (Lâmpada que ilumina totalmente os Cinco Estágios [de Nagarjuna]: Instruções quintessenciais do Rei dos Tantras, o Glorioso Guyasamadja)
rGyud kyi rgyal po dpal gsang ba 'dus pa'i man ngag rim pa lnga rab tu gsal ba'i sgron me
Varanasi: 1969

Middling Exposition of the Stages of the Path
Lam rim 'bring
Dharmsala: Shes rig par khang, 1968

Stages of Instruction from the Approach of the Profound Path of Naropa's Six Practices
Zab lam na ro'i chos drug gi sgo nas 'khrid pa'i rim pa
Gangtok: 1972

Tantra no Tibete
Introdução por Sua Santidade, o Dalai Lama, e traduzido e editado por Jeffrey Hopkins
Londres: Allen and Uwin, 1978
Vasubandhu (dbYig-gnyen)

Commentary on the 'Treasury of Knowledge' (Comentário sobre o "Tesouro do conhecimento")
Abhidharmakoshabhashya
Chos mngon pa'i mdzod kyi bshad pa
P5591, vol. 115

Treasury of Knowledge ("Tesouro do conhecimento")
Abhidharmakoshakarika
Chos mngon pa'i mdzod kyi tshig le'ur byas pa
P5590, vol. 115
Yang-jen-ga-we-lo-drö (dbYangs-can-dga'-ba'i-blo-gros, também conhecido como A-kya Yongs-'dzin), século dezoito

Lamp Thoroughly Illuminating the Presentation of the Three Basic Bodies (Lâmpada que ilumina totalmente a apresentação dos Três Corpos Básicos)
gZhi'i sku gsum gyi rnam gzhag rab gsal sgron me
The Collected Works of A-kya Yongs-'dzin, Vol. 1
Nova Delhi: Lama Guru Deva, 1971
Também: Delhi: Dalama, Iron Dog year
Também: Nang-bstan-shes-rig-'dzin-skyong-slob-gnyer-khang; sem mais informações

Presentation of the Grounds and Paths of Mantra According to the Superior Nagarjuna's Interpretation of the Glorious Guyasamadja, A Good Explanation Serving as a Port for the Fortunate
dPal gsang ba 'dus pa 'phags lugs dang mthun pa'i sngags kyi sa lam rnam gzhag legs bshad skal bzang jug ngogs [sem data de publicação].

Notas

1 *Lam rim bring*, o comentário está em 89a.1-92a.5 (Dharmsala: Shes rigpar khang, 1968). A explicação correspondente está em *Great Exposition of the Stages of the Path (Lam rim chen mo)*, de Tsong-ka-pa (Dharmsala: Shes rig par khang, 1964), em 157a.3-162a.1.

2 Veja *Tantra no Tibete*, de Tsong-ka-pa, publicado no Brasil pela Editora Pensamento, em 1983.

3 Veja *Illumination of the Texts of Tantra – Presentation of the Grounds and Paths of the Four Great Secret Tantra Sets* (*gSang chen rgyud sde bzhi'i sa lam gyi mam bzhag rgyud gzhung gsal byed*) (rGyud smad par khang, sem outras informações), de Na-wang-bel-den, 12a.4ss.

4 Veja *The Ambrosia Heart Tantra* do Dr. Yeshi Dönden, traduzido pelo Ven. Jhampa Kelsang (Dharmsala: Library of Tibetan Works and Archives, 1977), p. 33-5.

5 Trata-se de uma definição padrão, não limitada à medicina.

6 A descrição baseia-se em ensinamentos orais recebidos do Dr. Yeshi Dönden na Universidade de Virginia, em 1974.

7 Veja *Illumination of the Texts of Tantra*, de Na-wang-bel-den, 24a.5.

8 Veja *Tantra no Tibete*, de Tsong-ka-pa.

9 Foram usadas três edições do texto: uma em vinte e sete fólios (Delhi: Dalama, Iron Dog year), outra um pouco incompleta em vinte e sete

fólios (Nang bstan shes rig'dzin skyong slob gnyer khang, sem outras informações), e uma em dezessete fólios, vista em *The Collecied Works of A-kya Yongs-'dzin,* vol. 1 (Nova Delhi: Lama Guru Deva, 1971).

[10] Veja, a respeito, a explicação dada pelo Dalai Lama em *Tantra no Tibete.*

[11] Para uma explicação dos Três Corpos, veja *Meditation on Emptiness* (Nova York: Potala, 1980), de Hopkins, parte I, cap. II.

[12] Para uma explicação mais detalhada sobre os quatro elementos e seus desdobramentos, veja *Meditation on Emptiness,* Parte 3, cap. I, bem como a citação de *Meeting of Father and Son Sutra (Pitaputrasamagama),* na parte 6, seção VI.A.I.a.

[13] Veja *Tantra no Tibete.*

[14] Veja *Illumination of the Texts of Tantra,* de Na-wang-bel-den, 7a3ss.

[15] Essa frase e as duas seguintes são do *Presentation of the Stage of Completion of the Lone Hero, the Glorious Vajrabhairava, Cloud of Offerings Pleasing Manjushri (dPal rdo rje 'jigs byed dpa' bo gcig pa'i rdzogs rim gyirnam bzhag 'jam dpal dgyes pa'i mchod sprin),* de Lo-sang-gyel-tsen-seng-gay (bLo-bzang-rgyal-mtshan-seng-ge, nascido entre 1757/8) (Delhi: 1972), 2b.6-3a.2.

[16] Essa frase e a seguinte são do *Presentation of Birth, Death and Intermediate State (sKye shi bar do'I rnam bzhag),* de Na-wang-ke-drup (Ngag-dbang-mkhas-grub, 1779-1838), *Collected Works,* Vol. I (Leh: S. W. Tashigangpa, 1972), 469.4.

[17] Veja *Presentation of the Stage of Completion,* de Lo-sang-gyel-tsen-seng-gay, 3b.3.

[18] Esse parágrafo foi extraído de *Presentation of the Stage of Completion,* de Lo-sang-gyel-tsen-seng-gay, 3a.5ss.

[19] *Ibid.,* 3a.2.

[20] Para uma discussão a respeito da maioria desses fenômenos, veja *Meditation on Emptiness,* parte 3, cap. I.

[21] As quatro primeiras sabedorias são explicadas no texto; segundo o *Instructions on the Stages of Generation and Completion of Bhairava ('Jigs byed bskyed rdzogs khrid yig),* de Lo-sang-hlun-drup (bLo-bzang-lhun-grub, séc. 19) (Leh: S. W. Tashigangpa, 1973, 111.3), a sabedoria básica da natureza dos fenômenos é a semente adequada para se tornar um Corpo da Verdade e Sabedoria, a consciência mental.

22 *Presentation of Birth, Death and Intermediate State*, de Na wang ke drup, 461.3.

23 *Ibid.*, 461.4.

24 *Instructions on the Stages of Generation and Completion of Bhairava*, de Lo-sang-hlun-drup, 111.1.

25 *Ibid.*, 111.5.

26 *Ibid.*, 111.2.

27 *Ibid.*, 111.2.

28 Veja p. 86-8.

29 Essa seção sobre as oitenta concepções foi extraída de *Presentation of the Stages of Completion*, de Lo-sang-gyel-tsen-seng-gay, 7b.5-10b.3, e do *Lamp Thoroughly Illuminating (Nagarjuna's) 'The Five Stages'*, de Tsong-ka-pa, 230b.4-235b.2.

30 Essa inserção e a seguinte são do *Lamp Thoroughly Illuminating (Nagarjuna's) 'The Five Stages'*, 225b.1.

31 *Ibid.*, 225b.2.

32 *Ibid.*, 225b.3.

33 Essas definições se baseiam nas do *Lamp Thoroughly Illuminating (Nagarjuna's) 'The Five Stages'*, de Tsong-ka-pa, 226b.4-230b.4. Ele cita como fonte o *Lamp Compendium of Practice*, de Aryadeva (*Charyamelakapradipa*) (226b.4-227b.1).

34 *Presentation of Birth, Death and Intermediate State*, de Na-wang-ke-drup, 464.6.

35 *Instructions on the Stages of Generation and Completion of Bhairava*, de Lo-sang-hlun-drup, 112.3.

36 *Ibid.*, 112.4.

37 *Presentation of Birth, Death and Intermediate State*, de Na-wang-ke-drup, 466.2.

38 Os Conhecimentos (Abhidharma) Mahayana e Hinayana referem-se respectivamente ao *Compendium of Knowledge (Abhidharmasamuchchaya)* de Asanga e ao *Treasury of Knowledge (Abhidharmakosha)* de Vasubandhu. Para o *Five Treatises on the Levels*, de Asanga, veja *Meditation on Emptiness*, de Hopkins.

39 À descrição das cinco características segue o *Treasury of Knowledge* de Vasubandhu (111, 14), P5590, vol. 115, 119.2.4, e seu comentário,

89

P5591, vol. 115, 171.5.4.

[40] 111.14 (P5590, vol. 115, 119.2.4 e P5591, vol. 115, 171.6.7).

[41] 111.40c-41a (P5590, vol. 115, 119.4.5 e P5591, vol. 115, 172.1.2 e 180.5.8).

[42] Recebe esse nome por estar se aproximando do nascimento (P5591, vol. 115, 181.1.2).

[43] Den-ma Lo-chö Rinbochay identificou esses três últimos como incluídos principalmente entre deuses do reino do desejo. Os *yakshas* estão incluídos sobretudo no grupo de acompanhantes de Vaishravana.

[44] 111.43d-44a (P5590, vol. 115, 119.4.7 e P5591, vol. 115, 182.1.5). O autor parafraseia esse último.

[45] 111.14a (P5590, vol. 115, 119.2.4 e P5591, vol. 115, 171.5.1).

[46] P5591, vol. 115, 171.3.4.

[47] P5591, vol. 115, 171.3.4.

[48] 111.13b (P5590, vol. 115, 119.2.4).

[49] Para mais análises a respeito, veja o *Stages of Instruction from the Approach of the Profound Path of Naropa's Six Practices (Zab lam na ro'i chos drug gi sgo nas 'khrid pa'I rim pa)*, de Tsong-ka-pa (Gangtok: 1972), 41b.1ss.

[50] *Ibid.*, 41b.2. Tsong-ka-pa identifica isso como o *Compendium of Knowledge* de Asanga.

[51] *Great Exposition of the Stages of the Path*, de Tsong-ka-pa, 159a.4-159b. 3.

[52] 111.13b (P5590, vol. 115, 119.2.4 e P5591, vol. 115, 171.2.7).

[53] (Dharmsala, Shes rig par khang, 1964), 160a.2.

[54] P5591, vol. 115, 171.3.4 e P2674, vol. 62, 8.1.4, 8.3.2, 8.3.7.

[55] Isso está de acordo com o *Commentary on the 'Treasury of Knowledge'*, de Vasubandhu, P5591, vol. 115, 171.3.8-171.4.3, comentando sobre 111.13ab. Os colchetes na frase seguinte tratam do mesmo comentário.

[56] *Great Exposition of the Stages of the Path*, de Tsong-ka-pa, 161a.3-4.

[57] P5591, vol. 115, 172.3.2.

[58] No *Presentation of Birth, Death and Intermediate State* de Na-wang-ke-drup (468.3), isso é chamado "vento-vento", e os demais "vento-fogo", "vento-água" e "vento-terra".

[59] P5591, vol. 115, 172.3.4.

60 P5591, vol. 115, 171.6.7.

61 P5591, vol. 115, 173.3.7-173.4.1. Vasubandhu apresenta os dois primeiros como *nur nur po* e *mer mer po*.

62 Segundo Den-ma Lo-chö Rinbochay, esses são pontos vitais no corpo, chamados pelos nomes de vinte e quatro lugares, a maioria na Índia.

63 Essa explicação foi extraída do *Presentation of Birth, Death and Intermediate State*, de Na-wang-ke-drup, 469.5ss.

64 Essa descrição foi extraída do *Lamp Thoroughly Illuminating (Nagarjuna's) 'The Five Stages'*, de Tsong-ka-pa, 157a.6-158b2.

65 A primeira parte é do *Presentation of Birth, Death and Intermediate State*, de Na-wang-ke-drup, 471.2, e a segunda do *Lamp Thoroughly Illuminating (Nagarjuna's) 'The Five Stages'*, de Tsong-ka-pa, 158b.2.

66 *Ibid.*, 144a.5.

67 Todos os três textos dizem "a letra *hi*", e não *ham*; porém, antes, todos os três diziam *ham* ao explicar as razões para a aparição negra radiante (veja p. 43). Ao explicar a formação das goats, Na-wang-ke-drup se refere a isso como "a letra *hang*", sendo o *ng* uma interpretação da pronúncia do *anusvara*.

68 Essas descrições dos três isolamentos baseiam-se em explicações etimológicas no *Presentation of the Grounds and Paths of Mantra According to the Superior Nagarjuna's Interpretation of the Glorious Guyasamadja - A Good Explanation Serving as a Port for the Fortunate (dPal gsang ba 'dus pa 'phags lugs dang mthun pá'i sngags kyi sa lam rnam gzhag legs bshad skal bzang 'jug ngogs)*, do mesmo autor (sem data de publicação), 7a.4.

69 *Ibid.*, 7b.2.

70 *Ibid.*, 8b.3.

Índice

Abhidharma 58, 91
ações 9-12, 14, 22, 43, 47-48, 57, 64-65, 67-68, 73, 82, 93-94
ações de retribuição imediata 64-65, 93
acúmulo de mérito 94
aflições 9,14, 48, 82, 93
   discriminativo 19-22, 40, 38, 41-44, 93
      da consciência 38, 44, 93
      da forma 19, 38, 93
      dos fatores composicionais 22, 93
      dos sentimentos 41, 93
aparição 13, 23-24, 26, 41, 44-45, 47, 49, 50-55, 58, 69, 79-80, 93
      de faíscas na fumaça 93
      de fumaça 93
      de miragens 93
      de uma lamparina a manteiga trêmula 93
      de vaga-lumes 93
apego 11-12, 14, 35, 45-47, 93
Asanga 58, 60-64, 68, 71-72, 84, 91-93
ascendente 16, 71, 74-75
aumento 23, 44-47, 50-54, 58, 69, 76, 80 *Veja de aumento vermelho radiante, mente*
Bhadanta Dharmasubhuti 65
branca e vermelha 17, 51-52
branco e vermelho 38, 53, 57, 76
budato 15, 33, 36, 66, 80
Buddha 10, 26, 31-33, 35, 60, 65, 79
canais 16-18, 23, 35-37, 49-51, 68, 71, 73-74
causa da cessação do 94
centro-canal 93
cessação da respiração 93
céu branco radiante 24
céu negro radiante 24
céu vermelho radiante 24
chama de uma lamparina a manteiga 24, 58-59
ciclos de 23
cinco sabedorias 38-39
clara luz 18, 23-26, 32, 37, 44, 51-59, 61, 63, 65, 69, 80-82
comedor de odores 59, 67-68
Comentário sobre o "Tesouro do conhecimento" 63, 65, 68, 70-71
como ser humano 13
compaixão 4, 10, 26, 33, 46
Compêndio do conhecimento 60, 84
Conhecimentos 58, 60, 91
consciência 10, 12-13, 15-22, 24, 26, 33, 36, 38-39, 41-44, 48, 51-52, 54-55, 62, 65, 68-69, 71-72, 79, 90
constituinte terra 35, 39, 41, 69
   Veja elemento terra
constituintes 35-36, 38-39, 53, 57, 70, 72, 76
coração 4, 12, 16-17, 22-23, 37-38, 43, 49-53, 57, 59, 61-62, 71, 73-76
corpo 9, 11-12, 16, 17-20, 22, 24-25, 32-33, 35-38, 41, 43, 53, 56-57, 59-63, 65-77, 79-82, 90
   Veja renascimento
      de Emanação 32, 76-77, 79
      de Natureza 53
      do Prazer Completo 32, 66, 79
      de Verdade 32, 53, 56, 79, 81, 90
      de Verdade da Sabedoria da Compreensão 53
corpo ilusório 32, 36, 80-82
correntes de energia 15-16
de clara luz 23, 58-59, 65
da morte 7, 10-12 15-18, 23-27, 31-33, 35, 37-39, 41, 43-45, 47, 49, 51, 53, 55-59, 61, 63, 65, 68-69, 76, 79-82 *Veja clara luz, da morte*
de análise 21, 42
de aparição branca radiante 95
de aumento vermelho radiante 44, 47
de igualdade 42
descendente 16, 71, 74-75
desejo 9-14, 45-49, 61-64, 65, 67-68, 72, 92

desenvolvimento do feto 94
desenvolvimento do nascimento de 94
deus da união 31
dissolução 18-24, 38, 40-44, 50-54
dualismo 94
duração 35, 60
elemento 18-22, 44, 52, 75-76
elemento água 20, 75
elemento fogo 21, 75
elemento terra 18-19, 75
elementos 13, 18, 31-32, 35, 36, 44, 54, 59, 70, 75, 90
em um inferno 65
energia 15-16, 35 *Veja vento*
equanimidade 10
estado anterior 63-64
estado intermediário 1-3, 5, 7, 10, 12-16, 18, 20, 22, 24-27, 29, 32-33, 36, 38, 40, 42, 44, 46, 48, 50, 52, 54, 56-66, 68-70, 72, 74, 76, 79-82, 84, 86, 88, 90, 92
estágio de completude 66, 77, 80-81
estágio de geração 66, 79
Estágios ordenados dos meios para se atingir Guyasamadja 27, 85
fora de hora 9
fumaça 20-21, 25, 42-43, 58-59, 63
Gue-luk-pa 26
gota 17-18, 23, 37-38, 49-51, 57, 76
Grande exposição dos estágios do caminho 27, 64, 86
grande vazio 51
grosseiro 26, 35-36, 43, 45, 54, 59, 69, 70, 76-77
Guyasamadja 26-27, 65, 69, 71, 85-86, 88
Ham 49, 51, 76
ignorância 9, 14
indestrutível 18, 23, 37-38, 76
indestrutível que sustenta a vida 38
ioga da divindade 26, 79
karma 9, 11, 60, 67
Lâmpada que ilumina totalmente a apresentação dos Três Corpos Básicos — Morte, estado intermediário e renascimento 26
Lâmpada que ilumina totalmente os Cinco Estágios [de Nagarjuna]: Instruções quintessenciais do Rei dos Tantras, o Glorioso Guyasamadja 27, 86
local de saída na morte 93
mãe e filho 55
Manjughosha 31-32
Mantra Ioga Mais Elevado 32-33, 36, 56, 66, 79 *Veja Tantra Ioga Mais Elevado*
mente 9-14, 16, 18-19, 23-27, 29, 33, 35-38, 40-42, 44-55, 57-62, 64-65, 68-69, 71-76, 79-82, 91-92
mente de quase-realização negra radiante 94
mente no momento da 93
mente sutil 10
miragem 25, 41, 49, 58-59, 69
modo de renascer 95
morte 1-3, 5, 7, 9-18, 20, 22-27, 29, 31-33, 35-38, 39, 40-66, 68-70, 72, 74, 76, 79-82, 84, 86, 88, 90, 92
muito vazio 54, 59
Nagabodhi 65, 69, 71, 85
Nagarjuna 26-27, 86, 88, 91
nascimento 13-14, 25, 31-33, 35, 58, 60, 62-64, 69, 72-73, 76-77, 79-82, 92
oitenta concepções 23, 40, 44-45, 49-50, 52-54, 58, 61, 69, 91
oito sinais do desmaio 94
oito sinais do sonho 94
oito sinais no momento do orgasmo 95
oito sinais no momento do sono 95
passim 95
penetrante 16, 75
ponto da 10
ponto de saída da 93
predisposições 9, 11, 13-14, 35
processo inverso 25, 58, 61, 65, 69
quase-realização 23, 40, 44-45, 48-54, 58, 61, 65, 69, 80 *Veja mente de quase-realização negra radiante*

quatro vazios 54-55, 59, 61, 80
que habita o fogo 16, 74, 75
que percebe a natureza dos fenômenos 38
raiva 10-14, 68
Realidade dos níveis 60, 61, 63-64, 68, 71-72, 84
reino das formas 94
reino do desejo 46, 62-64, 92
reino sem forma 62, 65
renascimento 1-3, 5, 7, 10-12, 14-16, 18, 20, 22, 24-27, 29, 32, 36, 38, 40, 42, 44, 46, 48, 50, 52, 54, 56, 58, 60-62, 64-66, 68-70, 72, 74, 76, 80-82, 84, 86, 88, 90, 92
roda de emanação 74
roda de fogo 74
roda de grande bem-aventurança 95
roda do prazer 95
roda de vento 95
roda do êxtase sustentado 37
roda dos fenômenos 37, 74
roda no meio da jóia 74
roda-canal 37-38, 50, 73, 75-76
sabedoria que tudo realiza 22, 39, 43
sabedoria tipo espelho 39, 41
Samputa Tantra 62
Samvarodaya Tantra 69, 72, 84
seis constituintes 35-36
sêmen e sangue 12, 68-69
ser humano 13, 36, 57, 63-64
ser intermediário 12-13, 61, 63-70, 81-82
significado de 44
sinais da 25, 79
sinais exteriores de pus ou de sangue 24
Sistema sutra 10
sustenta a vida 16-18, 23, 37-38, 57, 74-76
sutil 10, 17-18, 23-26, 33, 36-38, 47, 52, 55, 57, 59-60, 70, 74, 80-82
sutil que sustenta a vida 18, 74
Sutra do ensinamento a Nanda sobre a entrada no útero 63, 67, 70-72, 84
Tantra 10, 15, 17, 26, 62, 69, 72, 83-87, 89-90

Tantra da Ação 93
Tantra da Realização 95
Tantra Ioga Mais Elevado 10, 15, 17, 26
Tesouro do conhecimento 27, 60, 63, 65, 68, 70-71, 87
todo-vazio 53
transformação alquímica 32
Tratados sobre os níveis 58
Três Corpos 26, 29, 31-32, 79, 82, 87, 90
três humores 16
três imperfeições 16
Três jóias 10
Tsong-ka-pa 9, 26-27, 64, 82, 86, 89, 91-92
união 31-33, 80-81
união da clara luz e corpo ilusório 95
útero 12-13, 16, 35-36, 60, 63-74, 77, 81-82, 84
úteros 35
vacuidade 23-24, 49, 51-54
vaga-lumes 21, 25, 43, 58-59
Vajradhara 32
Vajreshekhara Tantra 95
Vasubandhu 60, 62-65, 68, 70-71, 87, 91-92
vazio 10, 26, 33, 36, 50-55, 59, 65, 68, 76, 79-80
vento 16-18, 22-23, 35-40, 43-46, 48-52, 54, 57, 59, 61, 67-76, 80-82, 92
vento-água 44, 70, 92
vento-fogo 70, 92
vento-terra 44, 70, 92
vento-vento 70, 92
Yang-jen-ga-we-lo-drö 7, 26, 29, 87
Yoga Tantra 95

Impressão e Acabamento
Bartira
Gráfica
(011) 4123-0255